Axel Burkart

Mit einem Satz das Leben ändern

Die Kraft der richtigen Glaubenssätze

Axel Burkart

Mit einem Satz das Leben ändern

Die Kraft der richtigen Glaubenssätze

6. Auflage

Neumarkter Straße 28, 81673 München
produktsicherheit@penguinrandomhouse.de
(Vorstehende Angaben sind zugleich Pflichtinformationen nach GPSR.)

Redaktion: Martin Stiefenhofer
Satz: Uhl + Massopust, Aalen
Herstellung: Sonja Storz
Bildredaktion: Melanie Greier
Projektleitung: Sven Beier
Illustrationen: Veronika Moga, München
Umschlaggestaltung: Geviert, Michaela Kneißl, Grafik & Typografie
Umschlagmotiv: Komposition aus Motiven von © shutterstock/lynea, © shutterstock/jannoon028
Druck und Bindung: GGP Media GmbH, Pößneck
Printed in Germany
ISBN: 978-3-424-15201-2

»Der Mensch ist, was er glaubt.«

Anton Tschechow

»Ob du glaubst, du kannst es oder ob du glaubst,
du kannst es nicht: Du hast recht«

Henry Ford

Inhalt

Der Weg heraus aus falschen Glaubenssätzen: Ein Programm in 7 Schritten

Die dritte Veränderung grundlegender Glaubenssätze: Bestimme dein Weltbild

Danksagung

»Wir stehen auf den Schultern von Giganten.«

Dieses Zitat wird Roger Bacon und Bernhard von Chartres (12. Jahrhundert) zugerechnet. Damit soll zum Ausdruck gebracht werden, dass alles, was wir heute wissen und was wir sind, ein Erbe all der Denker der Menschheit aus Natur-, Geisteswissenschaft und Religion ist. Wir dürfen dieses Erbe für unsere Nachkommen erweitern.

Einen dieser Giganten möchte ich speziell erwähnen: Rudolf Steiner. Ohne seine Erkenntnisse wäre dieses Buch weder möglich noch sinnvoll gewesen. Ich bin ihm zutiefst zu Dank verpflichtet, was er durch sein Werk mir persönlich und der Menschheit gegeben hat.

Danken möchte ich auch meinen zahlreichen Seminarteilnehmern aus nunmehr 36 Jahren Seminartätigkeit, ohne die dieses Buch nicht entstanden wäre, weil erst aus dieser Arbeit die Bedeutung all dessen, was ich darstellen werde, auch in der Anwendung im praktischen Alltag erfolgreich aufgezeigt wurde.

Vor allem danken möchte ich meiner Lebensbegleiterin Sabrina, ohne die dieses Buch auch nicht in dieser Form möglich geworden wäre, weil ich aus ihren Erfahrungen mit Tausenden von Menschen in der Beratung schöpfen durfte.

Bedanken möchte ich mich auch bei Hans-Christian Meiser, der zusammen mit Frau Karin Stuhldreier das Erscheinen des Buchs im Irisiana Verlag ermöglicht hat, und Herrn Sven Beier von Random House, der mich im Lektorat mit viel mehr als sachlicher Kritik begleitet und so das Buch in dieser Form möglich gemacht hat.

Vorwort

»Ein König, der nicht weiß, dass er der König ist, ist noch nicht König.«

Johann Wolfgang von Goethe

Stellen Sie sich vor, Sie sind König oder Königin in einem Königreich. Sie wissen jedoch nicht, dass Sie der König/die Königin sind – durch einen Zauber haben Sie das vergessen. Und so leben Sie in Ihrem Königreich, ohne zu wissen, wer Sie sind und dass es Ihr Erbe und Ihre Aufgabe ist, im eigenen Königreich erfolgreich und weise zu wirken.

Dieses Buch handelt von Ihrem Königreich, der Welt Ihrer SEELE, Ihrer ganz persönlichen Welt. Es handelt von dem individuellen Königreich, das jeder von uns besitzt und das bei jedem Menschen einzigartig ist. Es handelt davon, wie sich der König aus seiner Verzauberung befreit. Ich bitte um Verständnis, dass ich hier den allgemein archetypischen Begriff »König« nehme und keinen geschlechtsspezifischen. Selbstverständlich gilt dies für alle Geschlechter.

Wer ist der König? Sie. Welchen Namen geben Sie sich? Ich. So ist der König in Ihnen Ihr ICH. Das Faszinierende daran ist, dass wir uns alle »Ich« nennen. Daran erkennen wir schon, warum wir in diesem Sinne »gleich« sind. Wir alle sind Könige, und die Liebe lehrt uns, dass wir uns selber in der Eigenliebe und unsere Mitmenschen in der Nächstenliebe als Könige behandeln sollen.

Wenn wir nicht entdecken, dass wir Könige sind, können wir unser eigenes Königreich nicht erobern. Wir werden dann auch nicht König unter Königen sein können. Wir werden vielleicht mit Neid zu den anderen Königen aufschauen und so unser Leid schaffen. Erkennen wir den König in uns, wird Neid keinen Platz mehr haben. Und wenn wir unser Königreich entdecken und erobern, werden wir auch keine Kriege um andere Reiche führen müssen.

Ein Königreich mit drei Fürstentümern

Was ist nun unser Königreich? Stellen wir uns ein Reich mit drei Fürstentümern vor. Das Besondere an diesen Fürstentümern und ihren Fürsten ist, dass sie zwar getrennt sind, aber nicht räumlich, sondern funktionell.

Der erste Fürst hat die Aufgabe, das geistige LEBEN zu regeln, anzuregen und zu schulen. Er ist verantwortlich für die Kreativität im Lande, für die Bildung, für das Lernen und die geistige Entwicklung aller Bürger. Er sorgt dafür, dass die WISSENSCHAFT blüht und mit ihr das Wahrheitsstreben. Dieser Fürst stellt unser Denken in all seinen Aspekten dar, wie es im Kapitel »Geheimnis Denken« beschrieben ist.

Der zweite Fürst hat die Aufgabe, für die Freude zu sorgen, für die Freude an der Arbeit, die Freude am Leben, für die Freude in den sozialen Beziehungen. Er hat auch für die sozialen Beziehungen zu sorgen, sodass die Liebe unter den Bürgern blühen kann. Er regelt sozusagen das soziale Leben oder besser: Er inspiriert die Bürger zu einem sozialen Leben, zu einem Leben in Freude am eigenen Tun und an dem Miteinander und Füreinander mit anderen. Er hat auch die Aufgabe, die Kunst zu fördern. Diesen Fürsten erleben wir in unserem Fühlen, das im Kapitel »Geheimnis Fühlen« dargestellt ist.

Der dritte Fürst schließlich hat die Aufgabe, im ganzen Reich für den materiellen Wohlstand des Volkes zu sorgen. Ihm unterstehen sozusagen all die Bauern und Händler, die Produzierenden und die Verteilenden der Güter, kurz, die ganze Wirtschaft. Er ist zuständig für das Handeln, das im Kapitel »Geheimnis Wollen und Handeln« zu finden ist.

Die Fürsten beschränken sich jedoch nicht nur auf ihren Bereich, sondern wirken sich auch auf die anderen Fürstentümer aus. So dient der Fürst des geistigen Lebens dem Fürsten der sozialen Beziehungen, diese auf dem Boden der Wahrheit zu fördern. Er dient auch dem Fürsten der Wirtschaft, denn Wohlstand hängt ab von der Bildung und Kreativität der Bürger, der in unserer Seele durch den Willen repräsentiert wird.
Diese drei Fürstentümer sind daher nicht räumlich getrennt. Ein jeder Fürst hat seinen Aufgabenbereich überall im Lande, und die drei Fürsten wissen, dass sie ihre eigenen Fürstentümer haben und damit ihre eigenen Verantwortungsbereiche, dass sie aber ohne jeweils die anderen beiden nichts bewirken können.
Und der König? Er ist derjenige, der diese drei Fürsten in ihrem Zusammenwirken steuert, den Gesamtüberblick hat und ihnen die großen Richtlinien und die grundlegenden Gesetze vorgibt.

Der König ist da, um zu regieren

Unser Königreich ist unsere Seele, in der wir mit unserem Ich wohnen, und es umfasst drei Fürstentümer: Denken, Fühlen und Wollen. Und die großen, grundlegenden Gesetze des Königs sind unsere Glaubenssätze.
Sie regeln alles, was in den Fürstentümern geschieht. Sie sind das Entscheidende für Wohlstand und Wohlbefinden, Freud und Leid im Königreich. Stimmen die großen Gesetze nicht, kann der eine Fürst nicht so handeln, dass materieller Wohlstand entsteht. Stimmen unsere Glaubenssätze, so geben unsere Fürsten Befehle an unsere Körperzellen, die alles an Wissen speichern und umsetzen können, was sie für die Gesundheit und Handlungsfähigkeit unseres Körpers benötigen. Unsere Zellen besitzen ein Zellbewusstsein, eine Intelligenz,

all das umzusetzen, was wir ihnen vorgeben. Das ist es, was wir heute in der modernen Bewusstseinsforschung, der Biologie und Neurowissenschaft, speziell in der revolutionären Epigenetik, bereits bewiesen haben. Stimmen die Glaubenssätze nicht, erleben wir »Missernten«, also Misserfolg und Krankheit im Leben. Stimmen die Glaubenssätze, so können wir Gesundheit und Wohlstand »ernten« und damit auch Freude in unserer Seele.

Der König gibt seinem einen Fürsten vor, wie er das Volk schulen soll, in welche Richtung es geht, und dem zweiten Fürsten teilt er mit, wie die Bürger sozial miteinander umgehen sollen. So reicht der Einfluss dieser Fürstenmächte bis in jede einzelne Zelle unseres Körpers. Die inneren Fürsten der Seele steuern den Körper. Alles, was letztlich in unserem Körper und unserem Leben geschieht, ist Ausdruck dessen, was wir als Glaubenssätze vorgeben.

Das Bild vom inneren Königreich und seinen Fürsten soll veranschaulichen, worum es in diesem Buch geht: um die Macht unserer Glaubenssätze. Dabei werde ich Ihnen aufzeigen, dass es vor allem einzelne Sätze sind – nur wenige, ja oft ist es nur ein einziger Glaubenssatz, von dem alles abhängt. Im Mittelalter glaubte man, die Erde sei eine Scheibe und die Sonne drehe sich um die Erde. Aus diesem Glaubenssatz entstanden viele weitere Irrtümer. Es waren und sind stets nur einzelne Glaubenssätze, die alles bestimmen. Dieses Buch soll Ihnen dabei helfen, sie zu erkennen.

Es geht erstens darum, sich der Macht unserer Glaubenssätze bewusst zu werden. Zweitens geht es darum, eine Methodik zu erlernen und einzusetzen, um die eigenen Glaubenssätze zu erkennen und zu verändern. Und es geht drittens vor allem darum, die Glaubenssätze selber zu bestimmen. Somit erlassen Sie selbst die Gesetze, um Ihr eigenes Königreich zu erobern, zu regieren und zu Wohlstand und Entwicklung zu führen.

Einleitung

Es kommt nicht so sehr darauf an, was uns im Leben geschieht, sondern was wir daraus machen.

Das Thema ist heute in aller Munde. Immer mehr wird uns bewusst, welch große Wirkung Glaubenssätze auf unser Leben haben. Letztlich arbeitet jeder erfolgreiche Therapeut der Seele bzw. Psyche an der Änderung von Glaubenssätzen.
Wenn wir vor einer Eiche stehen, können wir im Geiste zurückgehen bis zu dem Punkt, als diese Eiche noch eine Eichel war. Ein Same. Aus diesem Samen ist nun ein mächtiger Baum geworden. Erkennen wir, welches Wunder in einem Samen steckt? Dass aus einem winzigen kleinen Ding etwas so Mächtiges werden konnte? Dass alles, was die Eiche später werden kann, bereits in diesem Samen enthalten ist und nur durch das Leben herausgeholt werden muss?
Ich werde aufzeigen, dass Glaubenssätze wie Samen sind, aus denen ganze Bäume hervorgehen, die wir dann als Weltbilder und WELTANSCHAUUNGEN bezeichnen und die unser Leben bestimmen.
Unser persönliches Weltbild, das wir in uns tragen, ist Teil unseres Königreichs. Und die Macht dieses Weltbildes besteht darin, Samen aus freier Entscheidung zu säen. Diese Samen sind die großen Gesetze, die wir als König in unserem eigenen Reich erlassen. Sie selbst bestimmen, ob Sie fruchtbringende Samen säen, unpassende Bäume oder fehlplatziertes Unkraut. Mehr zum Begriff des Weltbilds finden Sie ab Seite 76.
Mit diesem Buch lade ich Sie zu einer geistigen Reise in Ihr Königreich, das Reich Ihrer drei Fürstentümer, ein, aber auch zu einer Betrachtung der anderen Königreiche Ihrer Mitmenschen, die Könige sind wie Sie. Dabei erfahren Sie, wie Sie Ihr

Königreich zukünftig noch bewusster gestalten können. Die folgenden Ergebnisse stellen die Ziele für unsere Reise dar:

- Sie verstehen, dass an der Basis Ihres eigenen Weltbildes Glaubenssätze versteckt sind, die Ihr gesamtes Leben bestimmen;
- Sie begreifen, dass für die Lösung großer Lebenskonflikte, Krankheiten usw. sehr oft nur die Änderung eines einzigen, grundlegenden Glaubenssatzes erforderlich ist;
- Sie erfassen, dass Sie in Ihrem Leben alles korrigieren und dadurch Ihrem Leben eine neue Richtung geben können und welche Seelenkräfte Sie dafür verfügbar haben;
- Sie gewinnen dadurch gesteigerte Sicherheit und Selbstvertrauen, das zu meistern, was zu meistern ist;
- Sie begreifen den tiefsten Sinn Ihres Lebens und gewinnen eine erweiterte Sicht über sich selbst und die Welt, die Ihr Leben reicher und erfüllter machen wird.

Darüber hinaus wird Ihnen bewusst, was Wahrheit ist, welche Bedeutung sie in Ihrem Leben und in der Welt hat und wie Sie selber überprüfen können, ob etwas wahr ist oder nicht. Sie erfahren, welch großartigen Schatz Sie in dem Mysterium der Logik in sich tragen. Sie lernen, systematisch die großen Weltanschauungen und Religionen zu durchschauen. Das wird Sie freier machen in der Wahl Ihres Weltbildes, im Umgang mit Religion und bei der Lösung möglicher Konflikte in dieser Hinsicht.
Auf der Basis dieser Erkenntnisse werden Sie Werkzeuge an die Hand bekommen, mit denen Sie in Zukunft besser mit Menschen und deren Weltbildern, mit Behauptungen und Meinungen zurechtkommen und diese schneller erfassen können. Sie werden zudem ein systematisches Programm zur Meisterung Ihrer Glaubenssätze kennenlernen.

Sie werden weiter ein spirituelles Weltbild kennenlernen, das wissenschaftlich gesichert ist und das Sie die Welt neu und tief verstehen lässt.
In diesem Buch erarbeiten wir uns Stück für Stück die erforderlichen Grundlagen, um klar zu verstehen, was Glaubenssätze sind, wie sie wirken und welche Mittel wir verfügbar haben, um sie zu meistern. Dazu ist es wichtig, dass Sie innerlich mitgehen, hinterfragen, prüfen, auch wenn das manchmal anstrengend ist. Eine Reihe von systematischen Übungen wird Ihnen dabei helfen, Ihr inneres Königreich immer weiter zu entdecken und zu meistern.
Die Übungen stärken unsere Fähigkeit, mit unseren Glaubenssätzen umzugehen und stellen damit bereits eine Glaubenssatzarbeit dar. Glaubenssätze haben mit Gedanken und Gefühlen zu tun. Die Meisterung von Glaubenssätzen bedeutet, sich mit neuen Gedanken und Gefühlen zu verbinden. Der Schlüssel dabei ist unsere Bewusstwerdung – der König erkennt, dass er der König ist und nimmt bewusst seinen Thron ein. Sie erkennen dann auch, dass es Ihre freie Entscheidung ist, welche Glaubenssätze Sie bewusst für Ihr Leben wählen.

Ein Programm zur Lebensmeisterung

Wir behandeln zudem fundamentale Glaubenssätze der Menschheit und die Weltbilder, die darauf aufbauen, und werden diese Weltbilder beurteilen lernen. Das ist die Voraussetzung für das Verstehen des Fundaments unseres eigenen Weltbildes und für die persönliche Wahl unserer Glaubenssätze als König in unserem Reich.
Abschließend werden wir ein konkretes Weltbild kennenlernen, ein spirituelles Weltbild, das umfassend unserer Arbeit an Glaubenssätzen dienen kann. Als König prüfen Sie nun, mit welchen Gesetzen Sie Ihr Reich regieren wollen.

Letztlich geht es hier um tiefste Selbsterkenntnis und die Meisterung unseres Lebens. Meistern können wir aber nur etwas, das wir verstehen. Das Leben zu verstehen ist somit das große Thema dieses Buches; zu verstehen, warum es beständig ein Wechsel von Glück zu Unglück und wieder von Unglück zu Glück ist; warum merkwürdige Zufälle uns mit Menschen zusammenbringen, die uns dann großes Glück bringen oder manchmal großes Leid; und warum wir möglicherweise erst nach langer Zeit begreifen, dass das Unglück, das uns jener Mensch brachte, auch ein großes Glück war.

Dieses Buch handelt von uns als Königen, es handelt für Sie von Ihrem Königreich. Für mich besteht der große Sinn unseres Lebens darin, Könige in unserem eigenen Königreich zu werden. Dieses Buch wird Ihnen eine wertvolle Hilfe sein, dieses Ziel für sich zu erreichen. Ich kann Sie nicht zum König machen, das können Sie nur selber. Sie haben dieses Königsrecht, diese große Würde als Mensch bekommen. Ich wünsche Ihnen, dass Sie dieses Ziel für sich verwirklichen und weiß, dass Ihnen dieses Buch dabei große Unterstützung geben kann.

Eines sollten Sie sich dabei aber bewusst sein: König zu werden ist nicht einfach so getan. Diese Regentschaft wirklich zu erobern bedeutet eine Anstrengung. Erwarten Sie also keine »leichte« Kost in diesem Buch, denn sonst könnte ich es nicht wirklich ernst meinen mit meinem Angebot. Aber die Anstrengung lohnt sich. Der Lohn ist ein unglaubliches Gefühl der Freiheit, das Ihnen wirkliches Glücklichsein beschert. Es ist das, was Sie und jeder von uns sein ganzes Leben sucht.

Ich habe gewisse Begriffe bei ihrer ersten Nennung in KAPITÄLCHEN gesetzt. Dies sind die Begriffe, die für ein klares Verstehen unerlässlich sind und die Sie immer wieder im Glossar am Ende des Buchs nachschlagen können.

So wünsche ich Ihnen viel Freude, viele Aha-Erlebnisse und viel Erfolg bei dieser Reise in Ihr eigenes Königreich!

Die erste Veränderung grundlegender Glaubenssätze: Erkenne dich selbst

Die grundlegende Bewusstwerdungs-Übung

»Es ist leichter, einen Atomkern zu spalten, als ein Vorurteil.«
Albert Einstein

Das vorliegende Buch ist ein Werkzeug. Mit der Lektüre jedes einzelnen Kapitels arbeiten Sie aktiv an Ihren Glaubenssätzen. Und ich verspreche Ihnen, dass das faszinierend, spannend, aber auch anstrengend wird. Sie scheuen die Anstrengung? Dann legen Sie das Buch weg, verschenken es und gehen ins Fitness-Studio. O nein, das ist ja auch anstrengend! Sie haben verstanden. Es gibt körperliche Muskeln, aber es gibt auch geistige Muskeln. Und dieses Buch ist ein Fitness-Training nicht zur Meisterung Ihres Laktat-Haushaltes, sondern Ihres Glaubenssatz-Haushaltes.
Sie lesen also keinen Roman, sondern etwas viel Spannenderes, etwas zur Geschichte Ihres eigenen Geistes. Dies ist ein Arbeitsbuch für die bewusste Meisterung Ihrer Glaubenssätze mit einer Reise durch Ihr persönliches Königreich, in dem Sie selber der Herrscher sind. Sind Sie ein Herrscher, der sich noch nicht bewusst ist, dass er der Herrscher ist, haben Sie zwei Möglichkeiten: Sie bleiben so oder Sie testen, ob dieses Buch Ihnen hilft, Ihre Herrschaft anzunehmen. Sind Sie sich dessen bereits bewusst, umso besser. Es wird Ihnen umso mehr Freude bereiten, sich bestätigt zu sehen und weitere Königsrezepte zu bekommen.
Das Buch nur zu lesen ist also zu wenig. Wenden Sie das Werkzeug an, führen Sie die Übungen aus. Das Buch wirkt, wenn die dargestellten Themen von Ihnen bewusst verarbeitet werden. Sie bekommen zusätzlich auch noch ein Programm

an die Hand, Glaubenssätze über das Buch hinaus zu bearbeiten. Aber das Buch selber ist Ihre erste Herausforderung zur Glaubenssatz-Meisterung. Denn der Zauberschlüssel zur Meisterung Ihrer Glaubenssätze ist: Ihr Bewusstsein, Ihr Ich-Bewusstsein. Und das Schloss für den Schlüssel ist: Arbeit, Bewusstseins-Arbeit, Bewusstseins-Training.

Unsere Glaubenssätze beeinflussen alles, was wir hören und lesen. So ist es wichtig, dass Sie sich selbst beobachten, während Sie das Buch lesen. Von jetzt ab sind Sie also bereits in der Praxis. Dazu schlage ich Ihnen folgende dreiteilige Bewusstwerdungs-Übung vor.

1. Prüfen Sie für sich das, was ich an Behauptungen aufstelle

Falsche Glaubenssätze, die uns das Leben schwer machen und in mancherlei Unglück stürzen, entstehen oft dadurch, dass wir von anderen Personen ungeprüft Aussagen übernehmen. Als Kind können wir nicht anders. Wir haben als Kinder noch nicht die Fähigkeit, die Aussagen unserer Eltern zu überprüfen. Das beginnt erst ab der Pubertät. Es ist ein Wesensmerkmal der Pubertät, dies zu lernen. Bis dahin übernehmen wir die Aussagen unserer Eltern, weil sie für uns unsere Götter sind. Wir sind völlig von ihnen abhängig und müssen ihnen daher vertrauen. Hier erkennen wir auch die große Verantwortung, die wir als Eltern haben.

Wir übernehmen also Aussagen und prägen sie uns als Glaubenssätze ein. Erst wenn wir erwachsen sind, können wir diese überprüfen und müssen dann oft aus leidvoller Erfahrung viele falsche Glaubenssätze loslassen oder verändern. Wir sollten uns bewusst sein, dass wir auch in diesem Moment wohl noch eine Menge Glaubenssätze in uns tragen, die wir noch nicht geklärt haben. Ich will daher nicht, dass Sie mir einfach glauben.

Das wäre genau das Gegenteil von dem, was ich mit diesem Buch erreichen will.
Diese Übung – das bewusste Überprüfen – ist sehr hilfreich beim Umgang mit neuen Glaubenssätzen, die wir oft von außen übernehmen. Das blinde Übernehmen findet erst dann statt, wenn wir eine Person zu einer Autorität erklären und nur aufgrund dieser Autorität ihre Aussagen übernehmen. Das geschieht heute – obwohl wir scheinbar so aufgeklärt sind – sehr oft, etwa bei Ärzten oder sogenannten spirituellen Meistern. Es können aber auch Rechtsanwälte, Steuer- oder Finanzberater sein.
Das bewusste Überprüfen von Aussagen, die für unser Leben wichtig sind, ist eine zentrale Übung für die Meisterung von Glaubenssätzen. Überprüfen Sie daher auch bewusst die Aussagen in diesem Buch:

a. Schauen Sie, ob Sie die Aussage für sich wirklich verstanden haben. Sind Ihnen die Begriffe klar, die ich verwende?
b. Überprüfen Sie, ob in Ihnen dazu eine Frage auftaucht. Schreiben Sie sich diese am besten auf.
c. Fragen Sie sich, ob Sie eine andere Meinung haben und fragen Sie sich, wie Sie dazu kommen.

Im Kapitel »Persönlicher Machtfaktor 5: Wissenschaft« finden Sie weitere Informationen für die Überprüfung von Aussagen anderer.
Damit stoßen wir auf den nächsten Teil der Übung.

2. Beobachten Sie Ihre Gedanken und Gefühle

Glaubenssätze sind eine Mischung aus Gedanken und Gefühlen. In jedem Moment – und das geht blitzartig – arbeitet unser GEIST so, dass er das Gelesene oder Gehörte sofort analysiert und in unser Weltbild einordnet. Das ist eines der faszinierenden Geheimnisse unseres Geistes, dieses wunderbaren Geschenks an uns Menschen. Wenn wir etwas nicht verstehen, entsteht sofort eine innere Frage. Dieser Vorgang ist stets von einem leichten Gefühl des Unwohlseins begleitet, weil uns alles, was wir noch nicht kennen oder verstehen, Unsicherheit oder sogar Angst bereitet. Das ist der Grund, warum wir alles verstehen wollen – früher oder später. Aus diesem Gefühl der Unsicherheit legen wir uns Glaubenssätze zu. Mit diesen Glaubenssätzen und allem, was sich daraus ergibt, prüfen wir nun automatisch das, was wir hören oder lesen.

Übung

Sie können nun meine Behauptungen, wie unter Punkt 1 beschrieben, überprüfen! Prüfen Sie einmal nach, ob Sie ein solches Gefühl von Unsicherheit in sich erkennen können. Und versuchen Sie, den letzten Absatz in seiner Bedeutung zu verstehen, denn er beschreibt ganz fundamentale Wirkweisen Ihres Geistes.

Wenn wir etwas gut geprüft und dann für uns als richtig oder falsch erkannt haben, dann nennen wir diese AUSSAGE ein URTEIL, genauer: gesundes Urteil. Urteilen wir zu schnell und ungeprüft, dann ist das ein VORURTEIL und das ist stets ein ungesundes Urteil.

Nun sind eine ganze Reihe unserer Glaubenssätze keine von uns gut geprüften Urteile, sondern Vorurteile. Vorurteile sind bequem für uns. Warum? Weil wir dann nicht denken müssen! Das ist der Grund, warum wir anderen Personen, vor allem vermeintlichen Autoritäten, so gerne und so schnell glauben. Genau darin aber liegt unser Problem mit den Glaubenssätzen, ja sogar eine Gefahr. Denn wir geben die Macht über unser

Leben ab! Wir können unsere Glaubenssätze aber nur herausfinden und ändern, wenn wir sie erkennen. Erkennen können wir sie aber nur, wenn wir sie beobachten.

Wahrnehmen, beobachten, erkennen

Ich habe das Bild des Königs gewählt und unsere Glaubenssätze als die Gesetze im Königreich beschrieben. Eine wesentliche Aufgabe und Schulung, innerer König zu werden, König in unserem eigenen Lebensreich, ist es, diese erste Aufgabe zu meistern. Wir müssen als König wissen, was in unserem Königreich vor sich geht. Wir müssen uns der Gesetze bewusst sein. Das zeigt auch das folgende Beispiel.

Eine junge Frau hatte oft sehr starke Gefühlsschwankungen und konnte nicht damit umgehen. Sie verzweifelte an sich, wurde emotional sehr instabil und zog sich immer mehr aus dem Leben zurück. Sie hatte in sich die folgenden Glaubenssätze aufgebaut: »Ich kann nicht emotional stabil sein«, »Ich bin von Natur aus ein trauriges Wesen«, »Ich bin unfähig, mit meinen Gefühlen umzugehen«.

Als man ihr in einem Gespräch bewusst machte, was EMPATHIE, also Mitfühlen, bedeutet und dass sie selber hoch empathisch ist, konnte sie diese Verzweiflung ablegen. Sie lernte, dass ihre Gefühlsschwankungen daher kamen, dass sie die Gefühle anderer und ihre eigenen nicht unterscheiden konnte und die fremden Gefühle für ihre eigenen hielt. Sie lernte dann schnell, diese zu unterscheiden, legte mit der Zeit ihre Glaubenssätze ab und wurde emotional stabil.

Der Frau waren ihre – letztlich falschen – Glaubenssätze zunächst nicht bewusst. Sie hatte diese nicht wahrgenommen, also: nicht beobachtet. Und sie hatte nicht das notwendige Wissen, damit umzugehen. Solange ihr die Glaubenssätze nicht bewusst waren, konnte sie ihr Leben und ihr Verhalten nicht ändern. Daher besteht der erste Schritt stets darin, unsere

Glaubenssätze überhaupt zu erkennen. Dazu aber müssen wir unser Denken beobachten. Weil aber mit Glaubenssätzen auch Gefühle verbunden und diese äußerst wichtig sind, besteht die Aufgabe auch darin, die begleitenden Gefühle wahrzunehmen.

Tipp

Legen Sie sich ein kleines Büchlein zu und notieren Sie sich, wenn Ihnen etwas bewusst geworden ist. Schreiben Sie die Fragen aus Punkt 1 auf. Schreiben Sie auf, welche persönliche Meinung, welches Vorurteil, welcher Glaubenssatz Ihnen aufgefallen ist. Schreiben Sie auf, welche Gefühle Ihnen dabei bewusst geworden sind.

Ich weiß, dass dieser Tipp nicht so schnell umgesetzt wird, weil er Arbeit erfordert. Das Schreiben aber hilft uns, bewusst zu werden, weil wir uns dabei auch etwas abbremsen. Unser Geist ist ja so unglaublich schnell und das Schreiben schenkt uns Zeit, geistig zu verdauen. Zudem geschieht hierbei noch etwas anderes. Ich hatte gesagt, dass Sie sich beobachten sollen, während Sie dieses Buch lesen. Beides geht aber nicht gleichzeitig. Gemeint ist hier die Reflexion, das Nachdenken. Über das Gelesene nachzudenken ist eine Übung und über die eigenen Gedanken dazu nachdenken ist eine zweite, ganz entscheidende Übung. Beide sind wichtig für das Erkennen unserer Glaubenssätze. Nachdenken erfordert vor allem Zeit, aber auch Aufmerksamkeit und Ruhe. Mit dem Schreiben schenken Sie sich selber und Ihrem Geist die Zeit und die Ruhe. Er wird Ihnen dabei auch Antworten geben.

Wenn wir mit einer anderen Person unsere Gedanken austauschen können und sie uns als Reflektor dient, sodass wir die eigenen Überlegungen immer wieder betrachten und hinterfragen können, ist das natürlich wunderbar. Haben wir diese Möglichkeit bei der Lektüre dieses Buchs nicht, können wir nur mit uns selber reden – und das tun wir mit dem Schreiben. Tagebücher werden ja oft auch aus solchen Gründen des Selbstdialogs geschrieben.

3. Überprüfen Sie Ihre Gedanken und Gefühle und damit Ihre Vorurteile

Das, was uns im Leben so viele Probleme bereitet, sind Vorurteile, vorschnell gefällte Urteile. »Politiker sind alle korrupt« ist ein Satz, den man oft hört. Er ist ein Vorurteil. Es gibt sicher sehr viele Politiker, die korrupt sind, aber es sind niemals alle. Wohl die meisten Vorurteile sind emotionaler Art, das heißt, sie sind nicht sachlich orientiert, sondern nur an unseren eigenen Gefühlen.

Ein sehr hoher Prozentsatz von Aussagen, die wir von uns geben, sind Vorurteile, die unseren Glaubenssätzen entspringen bzw. diese bilden. Achten Sie einmal bewusst bei anderen Menschen, aber auch bei sich selbst auf solche Vorurteile und machen Sie für sich eine Übung daraus.

Wenn wir im zweiten Schritt der Übung festgestellt haben, was wir denken und fühlen, können wir uns im dritten Schritt überprüfen. Beachten Sie dabei den Unterschied zwischen »Beobachten« bei Punkt 2 und »Prüfen« hier. Die Beobachtung ist ein reines Wahrnehmen. Wir benötigen die bewusste Aufmerksamkeit, um überhaupt festzustellen, *was* wir denken oder fühlen. Dabei müssen wir jede gedankliche Bewertung beiseitelassen, höchstens den Gedanken »Ah, das denke ich, das fühle ich« zulassen. Es muss uns überhaupt erst auffallen, dass wir einen Satz wie »Alle Politiker sind korrupt« denken. Diese WAHRNEHMUNG ist der Schlüssel. Wir sind so wenig geschult, die Wahrnehmung mit der darauf folgenden gedanklichen Beurteilung zu unterscheiden, dass uns die wichtigen Beobachtungen entgehen. Deshalb ist diese Schulung ein wichtiger Bestandteil des Buchs.

Jetzt also die Überprüfung: Meine ich diese Aussage ernst? Habe ich die Aussage überprüft oder ist sie nur ein Vorurteil? Welche Gefühle verbinde ich damit? Was machen diese Gefühle mit mir? Was muss ich noch herausfinden, um meine Meinung beurteilen zu können? So oder so ähnlich lauten die Fragen, die wir uns immer wieder stellen können.

Wir reagieren mit unserem Weltbild und den darin enthaltenen Vorurteilen sofort auf alles, was wir hören und lesen. Daher schlage ich vor, dass Sie im Folgenden genau darauf achten. Wie reagiert Ihr Geist auf meine Texte, meine Aussagen und Behauptungen? Sagen Sie sofort: »Ja, der hat recht.«? Oder kommt sofort der Gedanke: »Nein, das ist Unsinn.«? Unsere Arbeit mit Glaubenssätzen erfordert, dass wir uns bewusst werden, was wir denken und glauben! Das ist entscheidend. Und daher ist diese Übung eine grundlegende für die Arbeit an Glaubenssätzen. Ein Tipp: Benutzen Sie dazu wieder das kleine Büchlein.

Ich bitte Sie deshalb bei allem, was Sie von mir lesen, nur dann eine ablehnende geistige Haltung einzunehmen, wenn diese berechtigt ist, wenn Sie das also sachlich überprüft haben. Vorurteile sind stark emotional begründet und daher nicht sehr brauchbar. Sie sollen andererseits aber auch keine gläubig annehmende Haltung einnehmen, also mir einfach blind glauben. Das tun wir nämlich oft dann, wenn wir uns in unserer Meinung bestätigt sehen. Das würde wiederum dazu führen, dass neue Glaubenssätze entstehen können, die nicht sinnvoll sind. Welche Haltung ist also die am besten geeignete? Die der Unbefangenheit.

Klärendes Einordnen

Unbefangenheit bedeutet, nicht sofort aus bestehenden Glaubenssätzen heraus abzulehnen oder zuzustimmen, sondern erst einmal zuzuhören und dann zu prüfen. Erst wenn Sie etwas für sich geprüft haben, sollten Sie es übernehmen. Wenn Sie es nicht überprüfen können, lassen Sie es einfach als eine Möglichkeit im Raum stehen.

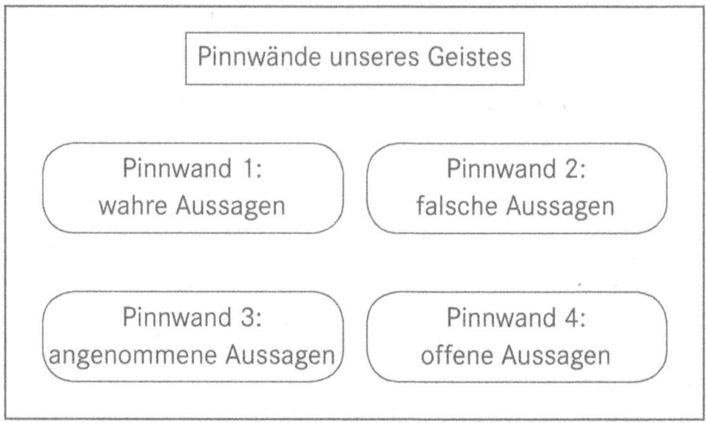

Ich schlage dazu ein kleines Bild vor. Stellen Sie sich in Ihrem Geist vier Pinnwände vor. Auf die Pinnwand 1 schreiben Sie die Aussagen, die Sie geprüft und für richtig befunden haben. Dazu zählen alle eindeutigen Fakten, wie »Mein Geburtstag ist am …«. »Die Erde hat eine Kugelform« ist eine Aussage, die heute zu unserem sicheren Wissen gehört, während sie vor Jahrhunderten als eine falsche Aussage betrachtet wurde.
Auf die Pinnwand 2 kommen diejenigen Aussagen, die Sie geprüft und für falsch befunden haben. Das könnte z. B. eine Aussage sein wie »Meine Eltern haben eine perfekte Ehe geführt«. Als Kind war das vielleicht noch der Eindruck, aber irgendwann haben Sie vielleicht bemerkt, dass vieles davon Schein war. »Die Erde ist eine Scheibe« gehört auch dorthin.

Auf der Pinnwand 3 stehen Aussagen, die Sie als interessant und wichtig für Ihr Leben einstufen. Aussagen, die Sie nicht prüfen konnten, aber als richtig annehmen. Sie tun das in dem Bewusstsein, sie jederzeit auch wieder ändern zu können und zu dürfen. Wir kennen den Spruch von Politikern »Was kümmert mich mein Geschwätz von gestern«. Darin steckt zumindest die Ehrlichkeit, dass wir Meinungen ändern können, oder auch das Eingeständnis, dass man damals nicht so genau geprüft hat. Hier können Aussagen stehen wie »Es gibt Engel« oder auch »Es gibt keine Engel«. Sie sehen, dass bei verschiedenen Menschen genau gegensätzliche Aussagen stehen können.
Die Pinnwände 1 und 2 beinhalten keine Glaubenssätze, sondern »Wissen«. Das gilt natürlich nur, wenn auch wirklich geprüft wurde. Es kann sich auch vieles, das wir als »Wissen« angesehen haben, später als »Glauben« entpuppen – diese Freiheit sollten wir uns zugestehen. So können wir stets sagen: »Nach meinem derzeitigen Kenntnisstand weiß ich das.«
Aber wenn wir nicht geprüft haben, sollten wir es nicht als Wissen für uns bezeichnen, sondern es auf die Pinnwände 3 oder 4 schreiben. Diese Pinnwände beinhalten Glaubenssätze, bei denen uns bewusst ist, dass es solche sind. Am besten kann man das vielleicht so formulieren: »Derzeit glaube ich, dass es so ist.«
»Es gibt keine große Liebe« gehört auf Pinnwand 3, wenn Sie derzeit dieser Meinung sind. Denn es kann niemand mit Sicherheit behaupten, dass es sie nicht gibt. Die Aussage »Für mich selber gibt es keine große Liebe« ist definitiv ein Glaubenssatz, der sich plötzlich als falsch erweisen kann.
Auf die Pinnwand 4 schreiben Sie sich im Geiste die Aussagen, die derzeit für Sie nicht wichtig sind und die Sie weder geprüft noch angenommen haben. Zu all diesen Aussagen sollten Sie in Gesprächen und Diskussionen sagen: »Da kann ich mir kein Urteil erlauben«, »Dazu habe ich keine Meinung«. Es ist

viel heilsamer, so zu antworten, als den Klugen oder Weisen zu spielen. Die Ehrlichkeit sich selbst gegenüber ist nämlich ein ganz großer Heilfaktor für unser Leben. Auf Pinnwand 4 stehen Sätze, die bei anderen auf der Pinnwand 3 stehen, vielleicht weil Sie derzeit kein großes Interesse an dem Thema haben. Das kann sich aber ändern und dann wandert die Aussage auf Pinnwand 3.

Nun bitte ich Sie, meine Behauptungen wieder zu überprüfen. Diese Übung mit den drei Schritten erscheint als eine zentrale Übung und Basis für die Arbeit mit Glaubenssätzen und für die Arbeit mit diesem Buch – oder auch jedem anderen Sachbuch.

Die Bewusstwerdungs-Übung auf einen Blick

Schritt 1: Aussagen des Autors überprüfen.

Schritt 2: Beobachten der eigenen Gedanken und Gefühle.

Schritt 3: Überprüfen der eigenen Gedanken und Gefühle – vor allem auf Vorurteile.

Zusammenfassungs-Übung

Ich empfehle Ihnen eine weiterführende, ähnliche Übung am Ende eines jeden Kapitels auszuführen. Sie hilft Ihnen dabei, das Gelernte bewusst zusammenzufassen:

1. Welche Erkenntnis hatte ich?

Überlegen Sie sich, ob Sie für sich zumindest eine wesentliche ERKENNTNIS gehabt haben, und welche. Schreiben Sie sie in das Büchlein, dadurch kommt der Inhalt stärker ins Bewusstsein und wird wirkungsvoller. Wir vollziehen damit etwas Wichtiges: Wir denken eigenständig! Dass wir uns über den Inhalt eines Textes bewusst werden, ist eines, dass wir uns aber unserer Gedanken darüber bewusst werden, geht darüber hinaus. Das ist nicht Gedanken-, sondern Bewusstseinstraining, und in erster Linie darum geht es in diesem Buch.

2. Welche Gefühle sind damit verbunden?

Als Zweites machen Sie sich bewusst, was Sie bei dieser Erkenntnis fühlen. Achten Sie darauf, dass es wirklich Gefühle sind, die Sie beschreiben. Das ist eine Übung für die Schulung unseres Gefühlslebens und dessen Meisterung. Manchen fällt das sehr leicht, manchen schwerer.

3. Welche Konsequenzen will ich daraus ziehen?

Überlegen Sie, ob Sie aus Ihrer Erkenntnis einen Entschluss fassen können, was Sie also im Alltag als Konsequenz umsetzen wollen. Schreiben Sie es auf und achten Sie auf die Formulierung »Ich werde tun« und nicht »Ich würde gern tun«. Sie können das in dem kleinen Büchlein vermerken. Schreiben Sie aber nur das auf, was Sie wirklich tun werden. Der Grund dafür liegt in dem Phänomen, dass uns Vorsätze, die nicht umgesetzt werden, durch die Nichterledigung Kraft kosten und uns hemmen.

4. Habe ich einen wichtigen Glaubenssatz entdeckt?

Denken Sie darüber nach, ob Sie einen Glaubenssatz in sich entdeckt haben, also eine Meinung, die Sie noch nicht wirklich überprüft haben, die Ihnen noch nicht so bewusst war und die Bedeutung haben könnte.

Die vier Schritte dieser Übung können Sie bei jedem Kapitel dieses Buchs vollziehen. Auch für das, was Sie bis hier erfahren haben, lässt sich die Übung anwenden:

Die Zusammenfassungs-Übung auf einen Blick

Schritt 1: Welche wesentliche Erkenntnis habe ich gewonnen?

Schritt 2: Welche Gefühle begleiten mich mit dieser Erkenntnis?

Schritt 3: Was werde ich aufgrund dieser Erkenntnisse tun?

Schritt 4: Welchen Glaubenssatz habe ich entdeckt?

Dies sind grundlegende, fundamentale Übungen. Mit diesen Übungen schaffen wir einen Grund, ein Fundament. Das ist notwendig für die erfolgreiche Meisterung unserer Glaubenssätze. Der König muss wissen, was er »grundlegend« denkt, denn das sind die Gesetze, mit denen er sein Reich regiert. Vorurteile sind dabei seine schlimmsten Feinde, denn sie sind unpassende oder selbstherrliche Gesetze.

An diesen Übungen sehen Sie, dass Sie dieses Buch wirklich als ein Arbeitsbuch nutzen können und auch sollen. Es ist aber durchaus möglich, dass Sie die Inhalte einmal schnell durchlesen, um einen Überblick zu bekommen, und dann die Kapitel, wenn Sie Lust haben, auf die angegebene Art durcharbeiten. Sie werden aufgrund Ihrer Erkenntnisse, die Sie dabei gewinnen, viel Freude haben. Das ist nämlich mein Ziel: Dass Sie Ihre eigenen Erkenntnisse gewinnen und dabei die Freude erleben, die uns unser Geist durch Erkenntnis unserer Seele schenkt. Erkennen Sie, dass Sie jetzt schon für sich einige Fragen stellen können, um das zu erfassen, was ich hier behaupte? So wünsche ich Ihnen viel Freude mit allem Weiteren. Und ich verrate Ihnen noch etwas: In diesem Kapitel ist im Grunde schon das gesamte Programm zur Glaubenssatz-Meisterung enthalten.

Was ist notwendig? Mensch, erkenne Dich selbst!

»Die moderne Physik führt uns notwendig zu Gott hin, nicht von ihm fort. Keiner der Erfinder des Atheismus war Naturwissenschaftler. Alle waren sie sehr mittelmäßige Philosophen.«

Sir Arthur Stanley Eddington

Eine Mutter von zwei Kindern erlebt eine aufwühlende Scheidungsphase und wendet sich an einen Therapeuten. Dabei zeigt sich im Gespräch, dass die Frau es einfach nicht schafft, ihren Gefühlen und Intuitionen Vertrauen zu schenken und sich daher mit allen Entscheidungen schwertut. Im Verlauf der Gespräche stellt sich das als tiefsitzender Glaubenssatz dar: »Ich darf meinen Gefühlen nicht trauen.«

In der gemeinsamen Bewusstseinsarbeit tauchen nun Kindheitserlebnisse auf. Sie ist als kleines Mädchen von etwa fünf Jahren mit ihrer Mutter zusammen. Sie spielt, während die Mutter ihrer Hausarbeit nachgeht. Die Kleine sagt unvermittelt zu ihrer Mutter: »Du liebst den Papa gar nicht.« Daraufhin schimpft die Mutter ihre Tochter sehr, meint, dass sie einen großen Unsinn sage. Solche Ereignisse wiederholen sich im Lauf der folgenden Jahre immer wieder. Was geschieht nun dadurch in dem Kind?

Für ein Kind sind die Eltern, vor allem die Mutter, die großen Autoritäten. Es zweifelt nicht an, was die Eltern sagen. Das geschieht erst in späteren Jahren. So entsteht in dem jungen Mädchen die Meinung, dass das, was sie intuitiv wahrgenommen und gesagt hat, falsch ist, sie sich geirrt hat und sie auf ihre Gefühle und ihre Intuition nicht vertrauen kann. Ein Glaubenssatz wird zementiert, und dieser Glaubenssatz begleitet sie das weitere Leben, bis sie durch die Ehekrise und Scheidung gezwungen wird, sich damit auseinanderzusetzen, daran zu arbeiten und den Glaubenssatz zu verändern.

Betrachten Sie nun die Bewusstwerdungs-Übung aus dem letzten Kapitel. Der Frau war ihr Glaubenssatz nicht bewusst. Wodurch ist er bewusst geworden? Durch Leid! Kommt Ihnen das bekannt vor? Was ist also ein Zweck unserer Übung hier? So weit wie möglich Leid zu vermeiden!

Das Leben wird uns durch Leid zur Bewusstwerdung unserer falschen Glaubenssätze führen. Dieses Buch kann Ihnen auch in solchen Situationen Hilfestellung geben, Ihre Glaubenssätze zu erkennen. Das Erkennen der Glaubenssätze, ihre Bewusstwerdung, kann Ihnen helfen, Leid zu vermeiden. So können Sie von manchen schmerzhaften Erinnerungen verschont bleiben.

Die Wurzeln des Menschseins

Tiefgehende Fragen sind hier angesprochen. Zum einen geht es um die Bedeutung des Leidens. Hat man ein spirituelles Weltbild, dann weiß man um oder glaubt an die tiefe Bedeutung des Leids und kann besser damit umgehen. Zum anderen geht es um die Frage der Vermeidung von Leid. Geht das überhaupt? Das alles wirft die Frage nach dem richtigen Weltbild und der Wahrheit auf, die ich in diesem Buch beantworten möchte.

Wenn wir also entschlüsseln wollen, was bei unseren Fehlentscheidungen und Entscheidungunsicherheiten abläuft und wie wir in einer großen Lebenskrise grundsätzlich vorgehen können, um sie zu meistern, dann müssen wir Fragen stellen. Diese Fragen helfen, die Situation durchschauen zu können: Wer bin ich als Mensch, was ist der Mensch? Was lebt in mir, dass mir etwas geschieht oder ich falsch handle? Was ist überhaupt der Sinn meines Lebens? Woher komme ich, wohin gehe ich? Was ist Schicksal?

Sind das nicht die großen Fragen, die in uns tief verborgen schlummern oder die wir uns schon oft gestellt haben? Wenn wir unser Leben wirklich meistern wollen, kommen wir deshalb nicht darum herum, der Aufforderung aus den alten Orakelstätten nachzugehen: Mensch, erkenne dich selbst!
In den folgenden Kapiteln machen wir uns daher daran, diese Rätsel anzugehen und unser Innenleben besser und tiefer zu verstehen. Wir machen uns dabei bewusst, was wir bereits leben. Um dieses Bewusstwerden geht es. Leben tut auch das Tier. Nicht nur zu leben, sondern sich des Lebens bewusst zu werden, bedeutet Menschsein. Erinnern wir uns an den König. Wir sind Könige, und zwar durch unser Bewusstsein. Dazu sind wir offensichtlich geboren. Wir sind nicht geboren, Bettler des Geistes zu sein, sondern Könige des Geistes.

Wertschätzungs-Übung

Gönnen Sie sich einige ruhige Minuten an einem schönen Platz. Schließen Sie die Augen und öffnen Sie sich dem folgenden Bild: Sie sind ein König und besitzen ein Königreich. Es besteht aus Ihrem Geist, Ihrer persönlichen Seele mit Ihrem Bewusstsein, Ihren Gedanken, Gefühlen, Empfindungen, Trieben, alles, was in Ihnen lebt und wirkt, und aus Ihrem Körper. In diesem Reich herrschen Sie mit Ihrem Ich, dem König. Das ist das Geschenk unseres Menschseins.
Nun spüren Sie in sich hinein, was diese Erkenntnis emotional in Ihnen bewirkt. Erleben und gönnen Sie sich die Freude, die Dankbarkeit, die dabei auftaucht. Werden Sie sich bewusst, dass darin das Geschenk der Schöpfung an Sie als Mensch liegt.

Diese Übung ist wertvoll, weil sie uns unsere wahre Bestimmung offenbaren kann. Mit ihr können wir uns jederzeit erinnern, wer wir sind und was es bedeutet, Mensch zu sein. Beachten Sie dabei aber, dass Sie selbst Ihr eigenes Bild erleben und Ihre Gefühle dazu. Schauen Sie, was geschieht, wenn Sie dieses Bild als eine Wahrheit annehmen (Pinnwand 3).

Die Hausmacht des Königs

Wir haben dabei anzuerkennen, dass ein König auch Pflichten hat. Er ist schließlich Herrscher und das erfordert Weisheit und Kraft. Wenn wir uns also noch immer nicht als König unseres Reichs fühlen, wenn unser Selbstwertgefühl uns etwas anderes sagt, dann heißt das, dass wir noch dabei sind, uns Weisheit und Kraft anzueignen, dass wir noch am Lernen sind. Das bedeutet unsere Entwicklung als Mensch. Wichtig ist nur, dass wir unsere Königswürde anerkennen. Sollten wir allerdings einen Glaubenssatz wie »Ich bin ja doch nur ein armer Sünder« in uns tragen, haben wir natürlich noch einiges zu tun. Wir müssen vor allem für uns klären, welcher Glaubenssatz nun stimmt: König oder Sünder. Wer kann das klären? Nur Sie selbst! Denn unser Königtum besteht darin, dass wir selbst erkennen können und niemandem mehr glauben müssen. Wir können und sollten zwar von anderen lernen (Pinnwand 3), aber das in uns überprüfen (Pinnwand 1).
Wenn wir allerdings nicht bereit sind, den Glaubenssatz des armen Sünders in Frage zu stellen, ist alle Mühe umsonst. Denn dann werden wir auch nicht die Macht anerkennen, die unserem Geist innewohnt. Jeder muss für sich selbst entscheiden, ob er einen solchen Glaubenssatz in Frage stellen und gegebenenfalls als falsch erkennen will (Pinnwand 2).
Ein König benötigt für seine Herrschaft eine Regierung, seine Fürsten. Wenn wir also unsere Königsherrschaft ergreifen wol-

len, müssen wir herausfinden, welche Regierungsmitglieder wir dazu brauchen bzw. welche uns überhaupt zur Verfügung stehen. Wir müssen herausfinden, welche Seelenwerkzeuge wir besitzen, mit denen wir unsere Glaubenssätze meistern können. Wir müssen aber auch verstehen, was Glaubenssätze genau sind und woher sie kommen. Das werden wir in den folgenden Kapiteln tun, die dazu dienen, die Kräfte in unserem Königreich in unser Bewusstsein zu bringen.

Erkennen 1: Geheimnis Wahrnehmung

»Wär' nicht das Auge sonnenhaft,
Die Sonne könnt es nie erblicken;
Läg' nicht in uns des Gottes eigne Kraft,
Wie könnt uns Göttliches entzücken?«

Plotin

Wenn wir Probleme systematisch lösen und eine universelle Methode dafür haben wollen, müssen wir auch systematisch fragen, wie wir eigentlich funktionieren. Das werden wir nun tun.
Die erste Frage lautet: »Wie kommt denn die Welt in unseren Kopf?« Haben Sie sich das schon einmal ernsthaft gefragt?

Erforschung

Schließen Sie die Augen und beobachten Sie Ihren Körper. Versuchen Sie zu benennen, was Sie nun dabei erleben. Erleben bedeutet, dass es Ihnen ins Bewusstsein kommen muss und Sie es daher benennen können.
Sie werden Ihren Körper spüren, vielleicht ein Kribbeln wahrnehmen oder ein Jucken, werden etwas hören. Wie benennen Sie das allgemein? Wie speziell?

Generell sind unsere Erlebnisse mit dem Körper KÖRPERWAHRNEHMUNGEN und SINNESWAHRNEHMUNGEN.
Hinter unserer Frage, wie die Welt in unseren Kopf kommt, verbirgt sich das große Rätsel unserer Wahrnehmung, worüber selbst die Naturwissenschaft noch sehr wenig weiß. Außerdem

rätselt man über das sogenannte »Qualia-Problem«. Das ist die Frage, wie aus einem Sinnesreiz des Körpers eine EMPFINDUNG in unserer Seele entsteht. Hier scheiden sich auch schon die Geister, denn wenn wir eine Seele nicht kennen oder ablehnen, können wir dieses Problem möglicherweise nie lösen. Und das wäre ein typisches Beispiel für die Behinderung von Erkenntnis durch Glaubenssätze.

Die erste Kraft in unserem Königreich ist unsere Sinneswahrnehmung: Bilder über die Augen, Töne über die Ohren, Gerüche usw. Wir besitzen dazu etwas, das wir SINNESORGANE nennen. In unserem Königreich sind das die Außenposten, die uns mitteilen, was in den Reichen um uns vor sich geht. Später, beim Thema Intuition im Kapitel »Bauchgefühl, Wahrheitsgefühl und Intuition«, lernen wir auch die Späher kennen, die alles registrieren, was im eigenen Königreich vor sich geht.

Höchst spannend ist die Tatsache, dass wir mehr als nur fünf Sinne besitzen, wie zum Beispiel den Gleichgewichts- und den Bewegungssinn. Sie sind unsere Seelentore zur Welt außerhalb unseres persönlichen Lebens und zum Körper als Außenwelt unserer Seele. Über alle unsere Sinne nehmen wir die Welt in uns hinein. Je reicher unsere Sinneswahrnehmung, desto reicher unsere Innenwelt. Wir erleben die Welt damit in uns. Wo wir diese Wahrnehmung erleben, darüber streiten heute die Weltanschauungen. Der Gehirnforscher behauptet: im Gehirn. Der Seelenforscher behauptet: in der Seele. Diese Frage wird uns noch beschäftigen, denn sie berührt einen fundamentalen Glaubenssatz.

Unsere Sinne liefern uns zunächst nur aktuelle, flüchtige Bilder oder Eindrücke durch Sehen, Tasten, Hören, Riechen, Schmecken usw. Diese Bilder werden in uns geformt. Für diese Formung braucht es irgendeine Kraft, denn nichts im Universum geht ohne Kräfte:

Wir tragen in uns die Wahrnehmungskraft.

Die Wahrnehmungsbilder sind ein erster Besitz für unser persönliches Königreich, unser »Importgeschäft«. Hier stellt sich die Frage, welche Waren der König importieren will. Wenn wir vor dem Fernseher sitzen, importieren wir natürlich andere Waren, als wenn wir auf einem Berg die Natur betrachten. Das ist unser erster, zunächst flüchtiger Schatz. Die Wahrnehmungskräfte zaubern uns die Welt von draußen – fast wie in einem Kino – in unsere Innenwelt hinein. Wir holen für jeweils einen flüchtigen Augenblick die Welt in uns hinein. Machen Sie sich das für einen Moment wirklich bewusst, welch wertvolles Werkzeug, welch großartiges Instrument Sie da geschenkt bekommen haben! Es ist ein Rätsel, ein Geheimnis, ein Mysterium. Diese Übung können Sie zu jedem Zeitpunkt einsetzen. Sie hat ihren großen Wert darin, in Lebenskrisen helfend zu wirken:

Wertschätzungs-Übung

Wann immer wir wollen, während wir etwas sehen, etwas hören, riechen, schmecken usw., lenken wir unsere Aufmerksamkeit darauf, *dass* wir das können. Wir lenken unser Gefühl darauf, was das für ein Geschenk der Schöpfung ist, dass wir die Natur sehen, die Nahrung schmecken, die Blumen riechen dürfen und können.
Beispielsweise können wir unser Essen zu Hause einmal mit verbundenen Augen einnehmen. Erleben wir mit aller Intensität, was dabei geschieht, welchen anderen Reichtum an Wahrnehmung wir dabei erleben.

> Seien wir dankbar für unsere Sinne und dieses Geschenk. Das allein wird bereits unser Leben bereichern, wenn wir es immer wieder tun. Es kostet nur wenig Anstrengung und stärkt unsere Lebensfreude.

Probieren Sie es einfach aus. Jetzt! Achten Sie darauf, dass Sie diesen Gedanken über das Geschenk der Natur oder einen besonderen Anlass wie ein Lied, die Geburt Ihres Kindes, einen Erfolg oder einen traumhaften Urlaub so lange im Bewusstsein bewegen, bis in Ihnen Dankbarkeit und damit verbundene Freude aufsteigt. Wenn Sie das schaffen, haben Sie bereits ein fundamentales Gesetz erkannt und verwendet: Sie haben die Macht Ihrer Gedanken erlebt. Denn es waren nur Ihre Gedanken, die letztlich Ihre Freude hervorgerufen haben. Sie haben erlebt, dass Ihre Gedanken Ihre Gefühle steuern – ein fundamentales Erleben, eine fundamentale Erkenntnis! Sie wird eine bedeutsame Rolle bei der Arbeit mit Glaubenssätzen spielen. Machen Sie diese Übung immer wieder. Es mag eine der wichtigsten Erfahrungen in Ihrem Leben sein, denn sie zeigt Ihnen den Zugang zur Meisterschaft über Ihre Gefühle durch Ihr Denken.

Eine außer-geistige Kraft

Die Wahrnehmungskraft – unsere erste Kraft – lebt zunächst in unserem Körper und stellt eine Außenkraft, also eine Kraft außerhalb unseres Geistes, dar. Beachten wir auch, dass diese Wahrnehmungskräfte passive Kräfte sind! Dies bedeutet, dass wir sie nicht direkt beeinflussen können. Sie wirken einfach. Wenn wir die Augen aufmachen, dann sehen unsere Augen für uns. Es hören unsere Ohren für uns. Das ist eine wichtige

Tatsache, denn sie bedeutet, dass wir nicht einfach sagen können: »Ich will das nicht sehen«, wenn wir den Blick auf etwas gerichtet haben. Wir können zwar die Augen zumachen, aber wenn sie offen sind, können wir das Sehen nicht abstellen. Wir brauchen diese Erkenntnis später für das Verstehen des Geheimnisses unserer Intuition und unseres Denkens.

Unsere Wahrnehmungskräfte dienen dazu, eine Verbindung herzustellen zwischen der Außenwelt und unserer Innenwelt – unserem Königreich. Ja, es gibt eine Außenwelt, die »Welt da draußen«. Wir bemerken, dass wann immer wir das sagen, wir gleichzeitig zum Ausdruck bringen, dass wir eine Innenwelt besitzen. Das ist »unsere« Welt. Und wenn wir uns nicht scheuen, sie so zu nennen, dann können wir sagen: Das ist die Welt unserer Seele. Das ist die entscheidende Welt für uns. Dort sind wir zu Hause. In dieser Welt erleben wir alles. Das ist unser Königreich. Und was lebt nun alles *in* diesem Reich? Auch in unserer Innenwelt wirken Kräfte. Diese untersuchen wir jetzt ganz systematisch.

Erkennen 2: Geheimnis Denken

»Das Denken ist zwar allen Menschen erlaubt, aber vielen bleibt es erspart.«

Curt Goetz

Nach den bisherigen Erkenntnissen stellt sich uns nun folgende Frage: »Ich nehme Bilder wahr und dann handle ich aufgrund der Bilder. Was aber läuft dazwischen ab, das mich zu einer Handlung veranlasst?«

Erforschung

Schließen Sie die Augen und beobachten Sie sich selbst. Was erleben Sie noch außer Ihren reinen Sinneswahrnehmungen? Und zwar unmittelbar, sofort! Welche Begriffe, welche Worte können Sie dafür finden?

Das Zweite, was wir sofort in uns erleben, ist uns ebenso vertraut wie unsere Sinneswahrnehmungen: Gedanken. Wir haben den ganzen Tag Gedanken, und sie werden uns gerade in der Stille sehr bewusst. Sie sind so selbstverständlich, dass wir kaum noch darüber nachdenken, dass sie das Intimste in unserem Leben sind!

Wir kommen damit zu dem Fürsten unseres Königreiches, der Kraft in unserer Seele, die uns etwa ab dem dritten Lebensjahr dazu befähigt, uns Gedanken über die Welt zu machen:

> Wir tragen in uns die DENKKRAFT.

Wollen wir nicht alles, was wir sehen oder hören, auch benennen? Wollen wir nicht in jeder Sekunde das eine von dem anderen unterscheiden, damit wir Orientierung und Sicherheit im Leben haben? Ja, und dazu benötigen wir diese Kraft in uns.
Glaubenssätze haben vor allem mit unserem Denken zu tun, wie folgendes Erlebnis zeigt. Eine Frau parkte ihr Auto vor meiner Ausfahrt, sodass ich nicht hinausfahren konnte. Von mir angesprochen sagte die Frau: »Ich hatte mir gedacht, dass niemand herausfahren müsse.« Wie oft haben Sie schon einen solchen Satz gehört oder selbst ausgesprochen?
Wir sollten in manchen Fällen viel mehr wahrnehmen, anstatt schnell urteilend zu denken, und in anderen Fällen lieber mehr denken, als nur wahrzunehmen. Jetzt geht es um unser Denken. Erinnern Sie sich an den Fürsten, der für die Bildung zuständig ist? Wir wollen ihn wegen seiner zentralen Bedeutung den ersten Fürsten nennen. Das ist unser Denken; es wirkt aus der Seele bis zu jeder Zelle in unserem Körper. In jeder Zelle ist sich der Fürst bewusst, was dort geschieht. Daher sprechen die Experten heute von einem »Zellbewusstsein«.

Trennung von wahrnehmen und denken

Welche Gedanken hatten Sie bei der Erforschungs-Übung in diesem Kapitel? »Was meint er denn jetzt?« »Ich verstehe nicht, was er will?« Oder ganz andere Gedanken? Wir haben ständig Gedanken. Das haben wir uns bewusst gemacht. Auch unsere Gedanken »erleben« wir! Sie sind real in uns da. Wir wissen nicht, woher sie kommen – das ist zunächst das große Mysterium –, aber sie sind ein ganz wesentlicher Bestandteil unserer Existenz, unseres Lebens.

Jedoch erleben wir nicht nur solche Gedanken, solche inneren Worte. Wenn wir die Augen offen haben, sind unsere Bilder der Wahrnehmung da. Eine rote Rose in einer Vase steht vor uns. Und ob wir uns dessen bewusst sind oder nicht: Sofort taucht in uns der Gedanke auf: »Das ist eine Rose.« Das geht so blitzartig, dass wir uns dessen meist nicht bewusst sind. Achten Sie aber einmal darauf. Das hat auch ganz viel mit unseren Glaubenssätzen zu tun. Es gibt jedoch noch etwas anderes als diese »Wortgedanken« in uns.
Solange wir die Augen offen haben, sehen wir z. B. eine Rose vor uns. Wir haben ein Bild *in* uns. Das nennen wir das WAHRNEHMUNGSBILD. Die Philosophen nennen das seit Jahrhunderten die »reine Erfahrung«, rein deshalb, weil noch kein Denken beigemischt ist. Unsere Sinneswahrnehmung wirkt also an der Grenze zu unserer Innenwelt. Nun forschen wir weiter.

Erforschung

Betrachten Sie einen Gegenstand vor sich. Schließen Sie nun die Augen und holen Sie den Gegenstand aus der Erinnerung. Was erleben Sie nun? Welchen Begriff, welches Wort können Sie für ihn finden?

Das Wahrnehmungsbild ist weg, aber: Das Bild der Rose haben wir in uns gespeichert und können es wieder abrufen.
Wenn uns jemand mit unseren geschlossenen Augen fragt, was denn vor unserer Nase stehe, sagen wir: eine rote Rose. Dabei haben wir ein Bild in uns. Dass dieses Bild nicht das Wahrnehmungsbild ist, erkennen wir daran, dass wir bei einem guten Gedächtnis dieses Bild auch noch nach einem Jahr abrufen können, wenn die Rose gar nicht mehr existiert. Und wenn

jemand bei der Rose vor uns einige Blätter abzupfen würde, während wir die Augen geschlossen haben, dann hätte sich die Rose verändert, aber nicht das Bild in uns. Wenn wir dann die Augen wieder öffnen, werden wir ein zweites Bild in uns aufnehmen von derselben Rose, aber mit weniger Blättern. Das bedeutet: Das Bild bei geschlossenen Augen ist nicht mehr das Wahrnehmungsbild. Es ist völlig unabhängig von der äußeren Wahrnehmung. Es ist ein NACHBILD in uns, das – auf welche Weise auch immer – in uns entsteht. Beachten Sie bitte, dass wir bei der Wahrnehmung ein ABBILD hatten und hier ein Nachbild! Erkennen Sie den feinen, aber wichtigen Unterschied. Und wenn ein betörender Duft dabei war, wird auch der Duft als ein Geruchsbild abgespeichert. Ich bitte Sie, das Wort Bild nicht zu wörtlich zu nehmen, aber es erleichtert die Beschreibung. Wir könnten auch Geruchseindruck sagen.
Diese Bilder spielen sich nun nicht mehr in der Außenwelt der Wahrnehmung, sondern in unserer Innenwelt ab. Wir nennen sie VORSTELLUNGEN und später Erinnerungen, das sind die abgespeicherten Vorstellungen. Unser Gedächtnis setzt sich daraus zusammen.

Abstrahierte, eigenständige Bilder

Für die Entstehung dieser Bilder muss es auch eine Kraft geben. Es entsteht ja nichts von alleine. Diese Kraft benutzen wir übrigens auch, wenn wir Fantasiereisen unternehmen:

> Wir tragen in uns die VORSTELLUNGSKRAFT.

Was ist nun ein »Gedanke« im Vergleich zu einer Vorstellung? Ja, jetzt sind wir mittendrin im Mysterium unseres Denkens, unserer Denkkraft. Das, was wir als Gedanken bezeichnen, ist

abstrakt, das heißt, es sind keine Bilder der Gegenstände, sondern Namen dafür. Die Vorstellungen sind bildlich. Abstrakt bedeutet losgelöst von dem konkreten Gegenstand, von dem konkreten Bild.
»Das ist der Mount Everest« ist ein abstrakter Gedanke. Jeder, der weiß, was der Mount Everest ist, bekommt dazu automatisch in sich ein Bild, eine Vorstellung, das Bild von einem Berg. Dieser Prozess läuft ständig in uns ab und ist uns meistens gar nicht bewusst, weil es so blitzschnell geht.
Tauchen wir dazu wieder in unser Königreich ein:

Erforschung

Wenn Sie jetzt weiterlesen, beobachten Sie bitte Folgendes: Sie lesen diese Worte und fragen sich, welche Bilder automatisch in Ihnen bei den Worten hochkommen. Wenn Sie das Wort »lesen« aufnehmen, welches Bild kommt Ihnen da in den Sinn? Sehen Sie sich nicht dasitzen und das Buch in der Hand halten?
Achten Sie darauf, wie Worte blitzschnell und unbewusst Bilder in Ihnen auslösen. Auslösen – haben Sie vielleicht dazu eine Fotokamera mit Auslöser im Kopf?

Es scheint so zu sein, dass wir zu jedem abstrakten Gedanken auch ein Vorstellungsbild haben. Machen Sie diese Übung so oft wie möglich, bis Ihnen der Prozess richtig bewusst geworden ist. Wir werden dann auch begreifen, warum sich Menschen, vor allem Kinder, verstehen können, obwohl sie nicht dieselbe Sprache sprechen. Wir kommunizieren dabei nämlich ganz offensichtlich über unsere Vorstellungsbilder.

Ein inneres Bild, das wir uns von einem Berg machen, ist eine Vorstellung. Vorstellungen sind Bilder. Die abstrakten Benennungen dazu, die Namen, die Begriffe, das sind unsere Gedanken, die uns selber bildlich auch als Buchstaben erscheinen. Wir können die Gedanken auch *abstrakte Vorstellungen* nennen, und die Vorstellungen *bildliche Vorstellungen*. Sie sind aber offensichtlich beides Variationen einer Kraft in uns. Diese Kraft wollen wir das DENKEN oder die DENKKRAFT nennen. Wir können unterscheiden zwischen der *Kraft*, die uns zur Verfügung steht, dem *Vorgang*, wenn wir diese Kraft anwenden und dem *Ergebnis*, das wir Gedanken nennen.

Wir erkennen in unserer reinen Innenwelt, der Welt außerhalb der Sinneswahrnehmungen, also eine Kraft – unseren Fürsten des Geistes –, die sich zunächst in zwei Variationen zeigt:

> Die erste rein innere Kraft ist unsere Denk- und Vorstellungskraft. Den damit verbundenen Vorgang nennen wir DENKEN. Dieser bewirkt zwei Arten von Ergebnissen, die wir Vorstellungen und Gedanken nennen.

Damit haben wir bereits den ersten Fürsten unseres Königreiches, die erste Kraft unserer Seele entdeckt. Sie ist nichts Neues und uns sehr vertraut. Denn gibt es irgendetwas, das uns näher steht als unsere Gedanken?
Dieser Fürst, unser Denken, wird uns von nun an begleiten. Es ist eine zentrale Kraft hinsichtlich unserer Glaubenssätze. Denn was sind Glaubenssätze auf jeden Fall? Gedanken. Wenn es aber stimmt, dass mit Gedanken Vorstellungen einhergehen, dann sind mit Glaubenssätzen auch Bilder verbunden. »Ich bin hässlich« – dieser Glaubenssatz, der leider viele junge Mäd-

chen heute zu Schönheitsoperationen treibt, ist ein abstrakter Gedanke. Gleichzeitig muss jemand, der so denkt, eine Vorstellung darüber haben, was hässlich und schön ist. Vielleicht ist es ja das Bild eines Models oder eines Superstars, das vor Augen steht.

Analysierender Verstand, synthetisierende Vernunft

Wenn jemand sagt: »Ich glaube nicht an Gott«, dann können Sie ihn fragen: »An *was* glaubst du denn da nicht?« Denn er muss doch eine Vorstellung in sich haben, was er sich unter Gott vorstellt. Und wenn er dann von einem Mann mit weißem Bart in den Wolken spricht, dann können Sie wahrscheinlich leicht sagen: »Ja, an den glaube ich auch nicht.« Erkennen Sie, wie wichtig es ist, sich der Glaubenssätze und der damit verbundenen Vorstellungen überhaupt erst bewusst zu werden, bevor wir darüber streiten?
Im Alten Testament gibt es übrigens im Schöpfungsbericht eine merkwürdige Stelle, die mit unserem Thema zu tun hat. Damals gab es ja noch keine Wissenschaft, sondern nur die religiöse Beschreibung. Heute ist der religiöse Inhalt jedoch wissenschaftlich erklärbar:

»Denn als Gott der Herr gemacht hatte von der Erde allerlei Vögel unter dem Himmel, brachte er sie zu dem Menschen, dass er sähe, wie er sie nennte; denn wie der Mensch allerlei lebendige Tiere nennen würde, so sollten sie heißen.«

1. Mose, 2, 19

Da heißt es also, dass wir Menschen den Tieren die Namen geben. Das ist genau das, was wir vorhin erkannt haben: Wir besitzen die Fähigkeit in uns, die Dinge zu *benennen.* In den Religionen ist die Rede davon, dass wir diese Fähigkeit als

Gottesgeschenk bekommen haben. Wenn also jemand behauptet, es gäbe keinen Gott, so müsste er erklären, woher dann sein wunderbares Denken stammt, das es ihm eben ermöglicht, zu erkennen, dass es keinen Gott gibt.
Das größte Geschenk, das wir Menschen besitzen, ist unser bewusstes Denken. Es erhebt uns über das Tier. Es befähigt uns, Kunst und Wissenschaft zu betreiben, Bücher zu schreiben und zu lesen, Theater zu spielen, im Internet zu surfen usw. Eine gewaltige Kraft und Macht steht uns da zur Verfügung. Sie hat alles entstehen lassen, was jemals Menschen geschaffen haben.

Wertschätzungs-Übung

Schließen Sie die Augen und machen Sie sich bewusst, welches Geschenk Sie mit Ihrem Denken besitzen. Was schenkt Ihnen Ihr Denken alles im Leben? Was ermöglicht Ihnen Ihr Denken? Was wäre, wenn Sie nicht mehr denken könnten? Empfinden Sie, welche Gefühle in Ihnen dazu auftauchen, welche Dankbarkeit Sie für dieses Geschenk empfinden können.

Beachten wir, dass ich bislang nicht vom VERSTAND gesprochen habe. Ich sprach nur vom Denken und seinen Ergebnissen: Vorstellungen und Gedanken. Wir dürfen auf keinen Fall das Denken mit dem Verstand gleichsetzen. Unser Verstand ist die Fähigkeit zu unterscheiden. Vorstellungen zu bilden ist eine andere Fähigkeit. Unser Denken ist viel mehr als unser Verstand. Würde unser Denken nur aus dem Verstand bestehen, wäre unser König sehr arm dran. Unser Verstand ist nur der Analysator und vor allem zuständig für unsere irdischen

Angelegenheiten. Er ist *ein* Minister für den ersten Fürsten mit einem klar beschränkten Aufgabenbereich. Jedoch ist er sehr wichtig und offensichtlich ein anderer Teil der Denkkraft:

> Wir tragen in uns als Teil des Denkens die Unterscheidungskraft, die Analyse-Kraft, den VERSTAND, den Intellekt.

Die erste Kraft des Denkens ist es, die Namen und Begriffe, ja überhaupt Gedanken schafft. Die zweite Kraft des Denkens schafft die Bilder, und die dritte Kraft innerhalb unseres Denkens kann zwei Begriffe voneinander unterscheiden, indem es zwei Bildern zwei verschiedene Namen gibt. Dies ist für unser Leben entscheidend, denn wir dürfen auf der Straße auf keinen Fall ein Fahrrad mit einem Lastwagen verwechseln. Die Unterscheidungskraft ist aber nur ein Teil der Denkkraft. Wir nennen ihr Ergebnis auch Analyse. Es gibt aber auch die Synthese. Das ist das Ergebnis eines anderen Teils unserer Denkkraft. Mit ihr setzen wir getrennte Dinge im Bewusstsein zu einem größeren Ganzen zusammen. So wird aus einem Rüssel und Stoßzähnen ein Elefant in unserem Kopf. Der Verstand kann das nicht. Das tut die VERNUNFT.

> Wir tragen in uns als Teil des Denkens die Synthese-Kraft, die Vernunft.

Sehen Sie an dieser Betrachtung, wie vorsichtig wir mit den Begriffen umgehen müssen?
Aus unserem Denken sind all die menschlichen Wunderwerke unserer Technik, Philosophie, Literatur entstanden. Es lebt

also gewaltige Schöpferkraft darin. Sie bildet eine wertvolle Basis für das, was wir später als »Gelassenheit« gegenüber den Herausforderungen und Krisen unseres Lebens kennenlernen werden.

Wertschätzungs-Übung

Schließen Sie die Augen und machen Sie sich bewusst, dass Sie die Kraft der Vorstellung, der Fantasie, der Gedankenbildung als ein Geschenk in sich tragen. Sie können sich vorstellen, wie Sie dies als ein Geschenk von der Natur oder Gott, wie auch immer Sie das benennen wollen, überreicht bekommen und sich dafür bedanken. Stellen Sie sich das als ein Bild vor und empfinden Sie dabei wieder. Erleben Sie, wie dazu Gefühle in Ihnen auftauchen.

Dabei erleben Sie, dass Sie selber ein Bild in sich schaffen können, das es vorher nicht gegeben hat. Was erleben Sie damit also auch? Ihre Fantasie als Schöpferkraft! Wieder können Sie mit Staunen oder ähnlichen Gefühlen darauf eingehen.

Jetzt haben wir die erste entscheidende Kraft für die Bildung unserer Glaubenssätze gefunden, den ersten Fürsten unseres Königreiches.

Ich möchte Ihnen noch weitere Übungen mitgeben, die sowohl Ihre Wahrnehmungsfähigkeit als auch Ihre Vorstellungskraft steigern und stärken. Beides brauchen wir für die Meisterung unserer Glaubenssätze, außerdem haben sie noch andere, sehr positive Wirkungen.

Übung

Schließen Sie die Augen und holen Sie sich etwas, das Sie gerade gesehen haben oder Ihnen sehr bekannt ist, in Ihre Vorstellung. Zum Beispiel einen Raum, den Sie gut kennen. Versuchen Sie dabei, dieses Bild so lebendig wie möglich herzuholen und es sich bis ins Detail auszumalen. Falls der visualisierte Gegenstand vor Ihnen liegt, können Sie kurz die Augen öffnen, vergleichen, was Sie noch in Erinnerung und was Sie übersehen hatten. Jetzt wiederholen Sie das Ganze und erschaffen noch einmal das Nachbild.

Wenn Sie das regelmäßig tun, werden Sie bemerken, dass Sie tiefer und mehr wahrnehmen. Das ist auch ein Mittel gegen Depressionen. Ein wachsender Reichtum an Wahrnehmungen reduziert innere Leere und auch Suchtgefahr.
Der König schult damit seine Außenposten. Denn ihm ist klar: Je mehr er weiß, was draußen vor sich geht, umso besser kann er herrschen. Dabei ist er sich bewusst, dass er der König ist und ihm niemand diese Aufgabe der Herrschaft abnehmen kann. Er stärkt damit aber auch seinen ersten Fürsten, dessen Aufgabe es ist, kreativ und innovativ zu sein. Er muss ja die Bevölkerung des Landes weiterbilden. Und eine Aufgabe dieses inneren Fürsten ist die Vorstellungskraft.
Mit folgender Übung können Sie Ihre Wahrnehmungs- und Vorstellungskraft noch weiter schulen.

Übung
Ändern Sie das innere Bild aus der vorhergehenden Übung. Versuchen Sie, den Baum, den Sie vielleicht gesehen haben, oder die Zimmerwand vor Ihnen bewusst zu verändern. Sie erleben, dass dies jederzeit möglich ist. Geben Sie dem Baum neue Äste oder machen Sie einen anderen Baum daraus. Geben Sie der Wand eine andere Farbe.

Diese Übung geht noch einen Schritt weiter, denn hier lernen wir, die inneren Vorstellungskräfte in ihrer Gestaltungsfähigkeit und damit unsere Kreativität zu stärken.

Grundbausteine Wahrnehmungsbilder

Und unsere Glaubenssätze? Woraus erbauen wir sie? Unter anderem aus all dem, was wir wahrnehmen. Unsere Wahrnehmungsbilder sind die Ziegel, aus denen wir die Glaubenssätze mauern, das Holz, aus dem wir sie schnitzen. Ohne dass uns das bewusst ist, verwenden wir unsere Wahrnehmungen und Vorstellungen als Materialien dafür. Deshalb können unsere Glaubenssätze auch nur so gut sein wie das Material. Aber Wahrnehmungen und Vorstellungen reichen noch nicht aus, um Glaubenssätze zu schaffen.
Sie können nun, wie in unserer Zusammenfassungs-Übung mit den vier Schritten vorgeschlagen, wieder innehalten und sich Gedanken machen, was Sie an Erkenntnissen mitnehmen, welche Glaubenssätze Sie dabei in sich kennengelernt und vielleicht bereits geändert haben. Ich empfehle Ihnen, das am Ende eines jeden Kapitels zu tun. Dann ist dies das Praxisbuch, das es sein soll.

Gehen Sie jetzt das Kapitel über das Denken durch und prüfen Sie Ihre Gedanken und Vorstellungen, die Sie bisher gehabt haben. Prüfen Sie zum Beispiel Ihre Vorstellung, woher Gedanken überhaupt kommen. Woher glauben Sie, kommen Gedanken? Haben Sie bisher Denken und Verstand gleichgesetzt? Macht es für Sie Sinn, das genauer zu unterscheiden?
Notieren Sie sich Ihre Erkenntnisse und machen Sie sich bewusst, wie Sie vor der Lektüre gedacht haben. Schreiben Sie sich Fragen dazu auf und übernehmen Sie nicht einfach, was ich geschrieben habe. Die Aussagen für sich zu prüfen und zu entscheiden, was Ihnen richtig erscheint, ist bereits grundlegende Glaubenssatzarbeit.

Erkennen 3: Geheimnis Fühlen

»Wenn du ein Schiff bauen willst, so trommle nicht die Männer zusammen, um Holz zu beschaffen, Werkzeuge vorzubereiten, Ausgaben zu vergeben und die Arbeit einzuteilen, sondern lehre die Männer die Sehnsucht nach dem weiten, endlosen Meer.«

Antoine de Saint-Exupéry,

Die nächste Frage liegt auf der Hand: »Ja, was aber ist mit meinen Gefühlen? Die machen doch die Probleme!« Gut, gehen wir es an. Ziel dieses Kapitels ist es, uns der Kraft des Fühlens bewusst zu werden und sie von der Kraft des Denkens unterscheiden zu lernen. Die Erfahrung zeigt nämlich, dass viele Menschen diese beiden Kräfte verwechseln.

Erforschung

Erinnern Sie sich an einen besonders schönen Moment in Ihrem Leben. Holen Sie ihn sich ganz intensiv aus der Erinnerung in Ihr Bewusstsein. Versuchen Sie, dass Sie ihn so lebendig wie möglich in Ihre Erinnerung holen. Beobachten Sie sich dabei. Was erleben Sie?

In unserer Erinnerung tauchen zunächst vielleicht nur Bilder und Gedanken auf. Dann aber werden diese Gedanken von Gefühlen begleitet. Sie werden durch die Erinnerung wachgerufen und müssen daher mit ihr in Verbindung stehen. Bei der durch die Übung hervorgerufenen Erinnerung stellt sich ein

Wohlbefinden ein. Achten Sie darauf. Dieses Wohlbefinden ist ein Gefühl. Wir nehmen es auch an unserem Körper wahr: Uns wird warm ums Herz, wir spüren eine Entspannung und ein sanftes Atmen. Das bedeutet, dass unsere Gefühle körperliche Reaktionen hervorrufen.

Erforschung

Schließen Sie nun die Augen und beobachten Sie sich wieder. Stellen Sie sich vor, Sie wandern allein auf einen Berg. Plötzlich fallen Sie durch morsche Bretter in eine Grube. Es ist dunkel und feucht. Sie liegen still, lauschen und nehmen Geräusche wahr. Sie begreifen, dass hier Tiere sind, wahrscheinlich Ratten. Dann spüren Sie plötzlich, wie eine Spinne über Ihre Hand läuft.

Wie geht es Ihnen bei dieser rein fiktiven Vorstellung? Was erleben Sie neben Ihren Sinneswahrnehmungen und Gedanken?

Bei dieser Übung können Sie die Angst als Beklemmung im Körper spüren – übrigens ohne dass ein echter Anlass vorliegt. Daran erkennen Sie auch die Macht Ihres Denkens. Allein unsere Gedanken rufen Gefühle hervor und diese wiederum körperliche Reaktionen. Dieses Phänomen kann man sich auf positive Weise bei der Heilung von Krankheiten zunutze machen. Unsere Gefühle sind etwas völlig anderes als unsere Gedanken. Sie bilden eine eigene Welt und entstehen aus einer ganz anderen Kraft. Hier begegnen wir unserem zweiten Fürsten.

> Die zweite, rein innere Kraft ist die Fühlkraft, das Fühlen.

Oft sprechen wir von einer »Gedankenwelt« oder einer »Gefühlswelt«, in der jemand lebt. Fällt Ihnen auf, dass wir da ganz unbewusst von zwei Welten reden? Es ist wichtig, dass wir uns bewusst werden, dass wir es mit zwei Welten, aber auch mit zwei Kräften zu tun haben. Sie existieren in unserem Inneren, in unserer Seele, sind uns völlig vertraut, aber nicht äußerlich messbar. Die Gehirnforscher versuchen zwar, diese Kräfte im Gehirn zu verorten, in den Hormonen, den sogenannten Neurotransmittern usw.

Gegen Ende des Buches werden wir verstehen, warum wir sie da nicht finden können. Was wir finden können, sind die Auswirkungen unserer Seelenkräfte *auf* den Körper. Und da spielen die Gefühle eine extrem wichtige Rolle. Sie erzeugen unter anderem unsere Stresshormone und damit bei Dauerstress auch alle möglichen Krankheiten. In der neuen Wissenschaft der Epigenetik beweisen unsere Wissenschaftler dies auf wunderbare Weise.

Die meisten unserer Gedanken und Vorstellungen, womöglich sogar alle, werden von Gefühlen begleitet. Es ist vergleichbar mit dem Elektromagnetismus. Wo Elektrizität ist, ist auch Magnetismus und umgekehrt. In dem Spannungsfeld zwischen Denken und Fühlen entstehen auch unsere inneren Konflikte. Wir müssen uns nur bewusst werden, dass wir es hier mit völlig unterschiedlichen Kräften zu tun haben, auch wenn sie in enger Verbindung zueinander stehen. Es ist fatal, sie zu verwechseln, wie es fatal ist, elektrischen Strom und Magnetismus zu verwechseln.

Fühlkraft als Empfindung oder Wahrnehmungsgefühl

Zwei Kräfte in der Seele und die Wahrnehmungskraft an ihrer Grenze haben wir entdeckt. Nun schieben wir eine wichtige Erkenntnis ein.

Vorhin sagte ich, das Wahrnehmen finde zunächst im Körper statt. Das, was wir als Wahrnehmungen in uns erleben, hat aber offensichtlich auch mit der Kraft unseres Fühlens zu tun. So wie das Denken zwei Ergebnisse haben kann, Gedanken und Vorstellungen, so bringt auch das Fühlen zwei Ergebnisse hervor, nämlich zunächst die EMPFINDUNG. Wenn wir unsere Hand in Wasser tauchen, dann empfinden wir es als heiß, warm, kühl oder kalt. Das ist ein Gefühl. Wenn wir einen Gegenstand anfassen, erleben wir »stumpf« oder »spitz«. Auch die Wahrnehmung von Farben ruft in uns eine Empfindung, ein Gefühl hervor, zum Beispiel das Gefühl für Rot oder Blau. Das Wichtige dabei ist, dass alle Menschen das relativ gleich empfinden. Diese Gefühle können daher als universell bezeichnet werden.

Alle Wahrnehmungen erzeugen Empfindungen in unserer Seele und das sind feinste Gefühle. Für uns ist die Erkenntnis wichtig, dass sich auch unsere Wahrnehmungsimpulse, die Eindrücke aus unseren Sinnen, in unserer Seele abspielen. Das ist übrigens auch die Sichtweise in der alten Medizin des AYURVEDA, die mittlerweile bei uns sehr anerkannt ist.

Wahrnehmungen erleben wir also auch in unserer Seele, in der Welt unseres eigenen Königreiches. Wir erleben sie dort als neutrale Gefühle, als Empfindungen. Neutral sage ich deshalb, weil wir Menschen bei spitz alle die gleiche Empfindung »spitz« haben. Ich will dazu einen neuen Begriff einführen: »WAHRNEHMUNGSGEFÜHL« statt »Empfindung«. Wir verwenden den Begriff »Empfindung« weiter für das Fühlen, wie es sich bei uns eingebürgert hat, beispielsweise bei dem Satz: »Ich empfinde es als angenehm.«

Fühlkraft als Gefühl oder Emotion

Wahrnehmungsgefühle sind aber qualitativ verschieden von dem, was wir als Gefühle oder Emotionen wie Freude und Missmut, Liebe und Angst, Ärger, Wut, Zorn, Scham, Hochachtung, Dankbarkeit, Ehrfurcht, Staunen bezeichnen. Denn der eine Mensch mag Süßes, der andere nicht. Der eine liebt Scharfes, der andere hasst es. Die eine liebt Rot, die andere Blau. Die eine Frau liebt Hosen, die andere Kleider. Damit betreten wir den ganz persönlichen Teil unseres Königreiches, unser Schloss der Vorlieben, das nur uns gehört. Denn jetzt zeigen sich zwei Kräfte in unserem Fühlen:

> In unserem Fühlen existieren zwei polare Gegenkräfte, SYMPATHIE und ANTIPATHIE, die uns Lust und Unlust, Freude und Leid, das Gefühl von angenehm und unangenehm vermitteln.

Das sind zwei generelle Grundkräfte, die sich dann in Gefühlen wie Freude oder Hass zeigen. Sympathisch ist mir das, was ich mag, weil ich ein gutes Gefühl dabei habe, das aber manchmal sogar auch Schmerz sein kann, unsympathisch, was ich nicht mag, weil es mir nicht guttut und ich dieses Gefühl als unangenehm empfinde. Was dem einen guttut, muss aber nicht dem anderen guttun. Und hier sind wir alle verschieden. Ist es nicht zunächst das, worin wir uns unterscheiden: was wir mögen oder nicht mögen?

Unsere Gefühle schenken uns innere Lebendigkeit. Hier sind wir anders als alle anderen, denn so wie wir die Welt individuell erfühlen, erfühlt sie sonst niemand. Wir haben einen großen Reichtum an Gefühlsmöglichkeiten geschenkt bekommen und tragen diesen in uns.

Jetzt erkennen wir auch den Zusammenhang zwischen den Bereichen Wahrnehmen und Fühlen: Unsere Sinneswahrnehmung offenbart uns den ganzen Reichtum der Außenwelt, und das Fühlen verbindet diesen Reichtum in Form von Gefühlen mit unserer Seele, so wie das Denken diesen Reichtum mit Gedanken verbindet.

Wertschätzungs-Übung

Schließen Sie die Augen und machen Sie sich bewusst, dass Sie die Kraft des Fühlens besitzen und damit verbunden sind mit einer unermesslichen Gefühlswelt. Machen Sie sich diesen Reichtum Ihrer Seele als einen Ozean von Gefühlen bewusst und beobachten Sie, was Sie dabei empfinden können.

Es sind diese Wertschätzungen, die unser Gefühlsleben schulen. Mit ihnen stellen wir eine bewusste Verbindung zwischen Denken und Fühlen her, und das ist bedeutsam für die Arbeit mit Glaubenssätzen.

Zwei Welten haben wir in uns entdeckt, zwei Fürstentümer. Diese bestimmen unsere Glaubenssätze. Jeder Glaubenssatz besteht aus einem Gedanken, einer Vorstellung und den dazu gehörigen Gefühlen. Wenn wir Glaubenssätze meistern wollen, müssen wir diese beiden Kräfte in uns beherrschen, diese beiden Fürsten im Griff haben. Aber wir benötigen noch einen Dritten im Bunde.

Erkennen 4: Geheimnis Wollen und Handeln

»Wo ein Wille ist, ist auch ein Weg.«

Sprichwort

Sie fragen sich nun: »Gut, jetzt habe ich verstanden, dass ich Wahrnehmungen habe und über die Fähigkeit zu denken und zu fühlen verfüge. Doch was veranlasst mich, immer einen solchen Mist zu tun? Solange ich denke und fühle, ist ja alles in Ordnung. Aber dann rutscht mir wieder ein falsches Wort raus und alles ist vorbei. Was wirkt denn da in mir?«

Erforschung

Schließen Sie die Augen und heben Sie einen Arm. Was erleben Sie nun innerlich? Fragen Sie sich, warum dieser Arm hochgeht. Können Sie spüren, welche Kraft da in Ihnen wirkt? Können Sie sie erleben? Können Sie sie benennen?

Lassen Sie beim Benennen alle körperlichen Ausdrücke wie Muskel, Nerven usw. weg. Es ist zwar die Muskelkraft, aber der Muskel bewegt sich ja nicht von allein. Irgendetwas muss ihn stimulieren. Es ist sicher nicht nur die Kraft des Denkens. Wir können noch so sehr denken, der Arm soll sich bewegen oder uns die Vorstellung davon bilden. Wir können auch noch so fühlen, wie der Arm sich hebt. In beiden Fällen wird er das nicht tun. Es kann also auch nicht die Kraft des Fühlens sein. Achten Sie darauf, wenn Sie den Arm heben, ob Sie erleben, welche Kraft das ist.

Ich kann Sie beruhigen. Üblicherweise erlebt niemand diese Kraft direkt. Trotzdem ist sie da. Sie muss da sein, denn der Arm hebt sich:

> Die dritte, rein innere Kraft in unserer Seele ist die Willenskraft, der WILLE. Den Vorgang nennen wir das Wollen.

Es gibt die Willenskraft. Sie ist aber genau deshalb so mysteriös, weil wir sie nicht direkt erleben können. Wir können sie nur indirekt erleben: im Moment der Handlung. Wenn eine Handlung geschehen ist, wissen wir, dass wir etwas gewollt haben. Jetzt wissen wir auch, wann wir normalerweise etwas wirklich wollen: wenn wir es getan haben. Die Ausnahme ist, wenn wir durch äußere Umstände daran gehindert werden. Wir haben einen Flug gebucht und der ist storniert worden. Das zeigt, dass sehr wohl der Willensimpuls, der Entschluss zu fliegen, da gewesen ist, und dieser ist für den Aspekt des Willens entscheidend.

Wenn aber nichts dazwischenkommt, setzen wir den Entschluss in eine Handlung um. »Entschluss« bedeutet ja wörtlich, dass wir nun nichts mehr weiter denken, nichts mehr weiter »schließen«, keine Schlussfolgerungen mehr treffen wollen. Es kann auch sein, dass wir den Flug gebucht haben und uns plötzlich am Schalter entscheiden, doch nicht zu fliegen. Dann haben wir es in unserem Inneren nicht wirklich gewollt. Jeder von uns kennt das: Man nimmt sich etwas fest vor, setzt es aber nie um. Nun wissen wir, dass wir eventuell nur gedacht und gewünscht haben, es zu wollen. Wir sind aber im Denken und Fühlen geblieben.

Oft ist ein Glaubenssatz der Grund, warum wir etwas nicht umsetzen. Wir nehmen uns beispielsweise vor abzunehmen.

Ganz still im Hinterstübchen steht der Gedanke: »Das hat ja doch keinen Sinn. Ich nehme ja doch wieder zu.« Damit bremsen wir uns selber aus, schwächen unsere Willenskraft. Dieser Gedanke ist verbunden mit einem Gefühl, dem Gefühl der Ohnmacht. Achten Sie darauf, wie oft das in Ihrem Leben nach diesem Muster abläuft. Dann stoßen Sie bereits auf diese versteckten Glaubenssätze.

Wie können wir nun die Ergebnisse des Wollens bezeichnen? Wir nennen sie WILLENSIMPULSE. Diese sind tief versteckt in unserem Unterbewusstsein und kommen erst ans Tageslicht, wenn wir etwas getan haben.

Willensimpulse als Handlungsauslöser

Früher hat man den Willen noch direkt so benannt, heute spricht man fast ausschließlich nur noch vom Denken, Fühlen und Handeln oder Verhalten. Achten Sie einmal darauf. Der Grund liegt vor allem in der modernen Gehirnforschung, der Neurowissenschaft, die mittlerweile bestreitet, dass es überhaupt einen Willen gibt, geschweige denn einen freien.

Unsere Willensimpulse sind die Ergebnisse der Kraft des Willens, der dritten Kraft unserer Seele, unseres Königreiches, so wie Gefühle und Gedanken Ergebnisse der beiden anderen Kräfte sind. Aus unseren Willensimpulsen entstehen alle unsere Handlungen. Dazu gehören alle bewussten Handlungen, aber auch alle unbewussten, beispielsweise Reflexe und INSTINKTE. Alles, was in unserem Körper geschieht, ist nach dieser Definition Ausdruck der Willenskraft. Denn alles, was sich äußerlich bewegt, muss eine Kraft im Hintergrund haben.

Ich muss darauf hinweisen, dass insbesondere diese Definition ein ganz zentraler Diskussionspunkt zwischen den Naturwissenschaftlern und den Geist-Wissenschaftlern ist. Ein Geist-Wissenschaftler ist jemand, der auf wissenschaftlicher Basis die

GEISTIGE WELT erforscht. Was das genau bedeutet, werde ich im Kapitel »Die Spirituelle Wissenschaft und wie sie die geistige Welt erklärt« erläutern. Viele Neurowissenschaftler lehnen ja mittlerweile ab, dass es überhaupt eine Willenskraft gibt. Für den Geist-Wissenschaftler ist das dagegen völlig klar.

Die Denkkraft und die Fühlkraft bringen keine äußeren Handlungen hervor. Das haben wir uns hiermit erarbeitet. Alles, was im Leben an Handlungen geschieht, geschieht durch Willensimpulse. Dazu braucht es im Außen allerdings auch Handlungswerkzeuge. Das sind etwa unsere Arme mit den Händen, die Beine mit den Füßen und der Mund mit der Zunge zum Sprechen. Im Hintergrund ist es unser ganzer körperlicher Stoffwechsel, der die Verdauung regelt und die Bewegung der Muskeln. Unser Wille ist der Macher in unserem Leben und unser Stoffwechsel ist sein Äquivalent auf körperlicher Ebene. Ganz wunderbar sind die beiden aufeinander abgestimmt. Damit haben wir den dritten Fürsten unseres Königreiches gefunden.

Dreiklang der Kräfte

Dieser Fürst wirkt auch in jede unserer Zellen hinein. Das Denken steuert unsere Zellen über die Nervenimpulse. Das Fühlen steuert unsere Zellen über die Blutversorgung und die Atmung. Das Wollen steuert die Zellen über die Stoffwechselprozesse. Krankheit und Gesundheit hängen von dem Zusammenspiel dieser drei ab. Unsere Glaubenssätze bestehen aus Gedanken und Gefühlen und diese steuern unsere Handlungen.

Jetzt haben wir einen entscheidenden Schritt für die Arbeit mit unseren Glaubenssätzen abgeschlossen. Wir haben uns bewusst gemacht, dass in unserer Innenwelt nur gerade drei Kräfte verfügbar sind, aus denen alles entsteht, was unser Leben ausmacht.

Halten wir uns das noch einmal vor Augen. Unser Leben ist viel einfacher als wir denken, und mit diesem Wissen auch viel leichter zu meistern. Jetzt ist alles überschaubar geworden und damit auch einfacher. Jedoch gibt es einen schönen Ausspruch aus dem Englischen:
»It is simple, but not easy« – »Es ist einfach, aber nicht leicht«.
Wenn wir etwas erkannt haben, heißt es noch lange nicht, dass wir es dann schon umsetzen können. Was so einfach erscheint, ist plötzlich so schwierig.
Sie besitzen nun eine Erkenntnis, die Sie Ihr gesamtes Leben lang nutzen können, um Dinge schneller zu durchschauen. Denn sie öffnet Ihnen das Tor zu Ihrem Inneren, zu einem tieferen Verstehen, wer Sie sind. Und nun wird auch klarer, wie wir wirklich an unsere Glaubenssätze herankommen können. Solange uns die Innenstruktur unseres Reichs nicht bewusst ist, fehlt uns etwas, um unsere Glaubenssätze erfolgreich zu meistern.

Erkennen 5: Geheimnis Ich und Bewusstsein

»Nie vergesse ich die noch keinem Menschen erzählte Erscheinung in mir, wo ich bei der Geburt meines Selbstbewusstseins stand, von der ich Ort und Zeit anzugeben weiß. An einem Vormittag stand ich als sehr junges Kind unter der Haustür und sah links nach der Holzlege, als auf einmal das innere Gesicht, ich bin ein Ich, wie ein Blitzstrahl vom Himmel vor mich fuhr und seitdem leuchtend stehen blieb: da hatte mein Ich zum ersten Mal sich selber gesehen und auf ewig.«

Jean Paul

Es bleibt uns noch die Frage nach dem König zu klären: »Wer handelt denn da? Wer bin ich?« Jetzt wollen wir uns mit dem wohl spannendsten Phänomen unseres Lebens befassen. Es ist so geheimnisvoll, weil es einerseits in jeder Sekunde eine Selbstverständlichkeit für uns ist, andererseits aber sehr viel Gehirnforscher, die Neurowissenschaftler, mittlerweile vehement abstreiten, dass es diese Instanz überhaupt gibt: unser Ich.

Wir kennen das aus unserer Erfahrung. Ein kleines Kind sagt immer nur »Maria will«, bis plötzlich ab einem gewissen Moment, etwa im dritten Lebensjahr, dasselbe Mädchen sagt: »Ich will.« Da ist etwas unglaublich Wichtiges geschehen. Das Kind erlebt das erste Mal sein Ich. Das, was uns von den Tieren unterscheidet, tritt in diesem wirklich heiligen Moment ans Tageslicht. Jean Paul beschreibt es im Zitat oben ganz wunderbar. Wir haben die drei Fürsten in unserer Seele kennengelernt. Jetzt aber geht es um den König. Offensichtlich gibt es eine übergeordnete Kraft in uns, die letztlich der Chef unserer drei

Seelenkräfte, unserer Fürsten, werden soll. Das ist unser Ich mit der Ich-Kraft unseres Bewusstseins.

Unser Bewusstsein ist entscheidend für die Arbeit mit unseren Glaubenssätzen. Denn nur mit Bewusstsein können wir Glaubenssätze meistern.

Erforschung

Schließen Sie die Augen und denken Sie folgenden Gedanken: »Ich will jetzt über diesen Text nachdenken.«

Sie halten diesen Gedanken im Bewusstsein, indem Sie ihn wiederholen. Sie machen noch nicht das, was Sie darin aussagen, Sie denken noch nicht über den Text nach. Sie denken nur diesen Gedanken.

Nun beobachten Sie einfach Ihr Denken, während Sie diesen Gedanken denken. Schauen Sie sich den Gedanken an: »Ich will jetzt über diesen Text nachdenken.« Beobachten Sie diesen Gedanken und versuchen Sie herauszufinden, was dabei in Ihrem Denken, in Ihren Gedanken genau geschieht.

Sie werden sehen, wie schwierig es ist zu beschreiben, was da in Ihnen geschieht. Bleiben wir beim Denken. Sie haben sich entschlossen, diesen einen Gedanken zu denken. Sie haben sich dann entschlossen, diesen Gedanken wiederholt zu denken, damit er in Ihrem Bewusstsein bleibt. Sie können übrigens genau diese Übung jetzt zwischendrin wiederholen, um nachzuvollziehen, was ich Ihnen erzähle.

Was haben Sie mit diesen zwei Schritten getan? Sie haben Ihren Willen eingesetzt! *Sie* haben sich entschieden, diesen Gedanken zu denken, nicht Ihr Gehirn. Das haben Sie nur dazu benutzt. Was haben Sie also erlebt? Ihr Ich. Denn jemand muss die Entscheidung getroffen haben. Und nachdem Sie nicht begonnen haben, wirklich das zu tun, was Sie gedacht haben, nämlich über den Text nachzudenken, sondern dass Sie den einen Gedanken weiterhin gedacht haben: »Ich will jetzt über diesen Text nachdenken«, haben Sie sich selber bewiesen, dass nicht Ihr Gehirn Sie steuert oder irgendeine fremde Macht, sondern nur Sie selbst. Sie haben sich selber einen Beweis geliefert, dass Sie existieren, Ihr Ich existiert.

Meist unbemerkt, aber immer vorhanden

Wenn Sie sich dann selber beim Denken beobachten, wenn Sie den einen Gedanken beobachten, das heißt ins Bewusstsein holen – tun Sie es doch noch einmal –, dann muss doch Folgendes geschehen sein: Sie müssen einen anderen Gedanken gedacht haben, nämlich den Gedanken: »Ich will jetzt den Gedanken beobachten.« Ein solcher oder ähnlicher Gedanke muss da gewesen sein. Ist er Ihnen aber aufgefallen? Nein, erst jetzt, wenn Sie wieder darüber nachdenken, kommen Sie darauf, dass ein solcher Gedanke dagewesen sein muss. Vielleicht erinnern Sie sich sogar daran.

Was ist da geschehen? In dem Moment, da Sie diesen neuen Gedanken gedacht haben, der Ihnen gar nicht aufgefallen ist, wo war da Ihr Ich-Bewusstsein? In dem Gedanken versunken! »Ich war gerade in Gedanken versunken.« Dieser wunderbare Satz aus unserem Alltag enthüllt uns etwas über das große Rätsel unseres Ichs und unseres Bewusstseins. In dem Moment, da Sie einen Gedanken denken, verschwindet Ihr Ich-Bewusstsein. Deshalb erleben Sie dann nicht Ihr Ich, sondern den Gedanken. Erst wenn Sie über einen Gedanken nachdenken, ihn sozusagen anschauen, blitzt zwischendrin Ihr Ich auf. Da wissen Sie

dann: »*Ich* denke nach. Ich hatte einen Gedanken.« Wenn Sie Ihre Aufmerksamkeit auf die Lücke lenken, dann wird Ihnen bewusst, dass Sie auch da sind, nicht nur der Gedanke. Dann, wenn Sie wieder denken, wird Ihr Ich vom Gedanken sozusagen überschattet, es versinkt darin.
Das können Sie selber richtig studieren, wenn Sie sich Zeit dazu nehmen. Sie werden dabei erleben und begreifen, dass Ihr Ich mit dem Bewusstsein beständig vorhanden ist. Da haben Sie den König entdeckt. Das sind Sie! Es wird normalerweise von Ihnen nur nicht wahrgenommen, weil im Moment der Gedanke oder ein Gefühl im Vordergrund stehen. Es wird Ihnen dabei auch sofort bewusst, dass Sie nicht Ihre Gedanken sind. Sie existieren außerhalb Ihrer Gedanken. Denn Sie bestimmen ja, was Sie denken. Und damit beweisen Sie sich übrigens auch, dass Sie nicht das Gehirn sind und außerhalb Ihres Gehirns existieren müssen.
In dem Moment, da wir unsere eigenen Gedanken oder Gefühle beobachten, erleben wir unser Ich – und dieses unterscheidet sich von Gedanken und Gefühlen. Dann sind wir in unserem Ich-Bewusstsein. Aus dieser Instanz heraus können wir nun eine Handlung setzen.

Dass wir im Denken versinken und uns unseres Denkens nicht bewusst sind, ist entscheidend für unsere Glaubenssätze. Denn diese sind – meist unbewusste – Gedanken. Wir denken einen Glaubenssatz immer wieder, aber wir sind uns seiner nicht bewusst. Der Ansatzpunkt bei der Arbeit mit Glaubenssätzen muss daher immer die Bewusstmachung sein. Und das bedeutet, den König einzuschalten. Der König ist der Meister und nicht seine Fürsten. Dies ist eine zentrale Botschaft dieses Buchs. Nur über den Einsatz Ihrer Ich-Kraft, des Ich-Bewusstseins, der Bewusstwerdung Ihres Ichs, können Sie auch Ihre Glaubenssätze meistern.

Unsere Fürsten und wir als König

»Gott gebe mir die Gelassenheit, Dinge hinzunehmen, die ich nicht ändern kann, den Mut, Dinge zu ändern, die ich ändern kann, und die Weisheit, das eine vom anderen zu unterscheiden.«

Reinhold Niebuhr

Wir haben die drei Fürsten unseres Königreichs und den König bewusst erkannt. Kommt Ihnen übrigens in dem oben stehenden Zitat von Reinhold Niebuhr etwas bekannt vor? Richtig, Sie finden drei Qualitäten – Gelassenheit, Mut und Weisheit –, die wir uns mit der Beherrschung unserer drei Fürsten – Fühlen, Wollen, Denken – erobern werden. Sie werden das ab sofort überall finden, wenn Sie aufmerksam sind. Darin liegt bereits der große Wert der bisherigen Erkenntnisse. Allein diese Bewusstwerdung der drei Kräfte in uns hat bei vielen Menschen das Leben verändert.

Kann es sein, dass nur drei Kräfte unser ganzes Seelenleben bestimmen? Ja, denn so wie wir mit nur drei Grundfarben jedes Gemälde malen können, können wir mit diesen drei inneren Kräften, diesen Seelenkräften, alle Erlebnisse herbeizaubern und auch erklären. Wenn wir Begriffe wie INTUITION, Vision, Ahnung oder BAUCHGEFÜHL erklären wollen, werden wir feststellen, dass wir nur diese drei Kräfte dazu benötigen. Dadurch ist es zwar einfacher, aber nicht leichter geworden. Denn auch mit dem Wissen über die drei Grundfarben sind wir noch keine Maler geworden.

Ich will und muss Ihnen noch etwas mehr über Ihre drei Seelenkräfte erzählen, weil wir dies bei der Erläuterung über die Macht unseres Denkens und unserer Glaubenssätze benötigen.

Gekoppelte Bewusstseinszustände

Mit den kleinen Übungen der Erforschung unseres Innenlebens aus den vergangenen Kapiteln können Sie etwas Wichtiges entdecken und sich bewusst machen. Wenn Sie zum Beispiel Angst beschreiben sollen, dann werden Sie das stets in Bezug auf körperliche Merkmale tun: Angstschweiß, Zittern, Blässe. Ich habe bis heute noch niemanden kennengelernt, der das *Gefühl* der Angst selbst beschreiben konnte, obwohl wir alle wissen, dass es da ist. Merkwürdig, nicht wahr? Was ist der Grund?

Nun, in unseren Gedanken sind wir hellwach. Da sind wir im sogenannten WACHBEWUSSTSEIN. Dabei unterscheidet man drei Zustände: Wachsein, TRÄUMEN oder REM-Schlaf und SCHLAFEN oder Tiefschlaf. Man spricht von »Bewusstseinszuständen«, obwohl wir im Schlaf ohne Bewusstsein sind.

Wenn wir uns nun die charakteristischen Merkmale dieser drei Zustände anschauen, stellen wir verblüffende Parallelen fest:

Nur wenn wir denken, sind wir hellwach.

Wenn wir fühlen, dann läuft das wie beim Träumen halb bewusst ab. Sie können das für sich überprüfen. Bewusst werden uns unsere Gefühle erst beim Denken.

Wenn wir etwas wollen, dann ist es wie im Tiefschlaf. Unsere Willensimpulse sind uns völlig unbewusst. Das Wollen läuft unterbewusst ab. Es wird uns erst bewusst, wenn es im Denken auftaucht bzw. wenn es geschehen ist.

Seelenkräfte	Bewusstseinszustände
Denken	Wachen
Fühlen	Träumen
Wollen	Schlafen

Die drei Seelenkräfte und die entsprechenden Bewusstseinszustände

Wir schlafen sozusagen auch während des Tages – und zwar im Wollen – und träumen im Fühlen. Daher können wir zum Beispiel das Gefühl der Angst nur an körperlichen Merkmalen wie Schweißausbrüchen oder Herzklopfen festmachen, die uns in Gedanken bewusst werden. Das ist ein Beweis, dass wir unsere Gefühle nicht bewusst erleben, sondern dass wir sie im Denken und daher im Wachbewusstsein erkennen. Das ist eine ganz entscheidende Erkenntnis, denn sie zeigt, dass Sie über Ihre Gefühle niemals Ihr Leben und Ihre Glaubenssätze meistern können. Verblüffend, nicht wahr? Sie können das selbst in sich nachprüfen. Sie brauchen dazu kein Fachstudium oder spezielle Fachbegriffe. Allein aus Ihrem direkten Erleben können Sie das alles für sich herausfinden. Und mit dieser Erkenntnis wird uns auch klar, von welcher Ebene wir Glaubenssätze überhaupt meistern können: vom Denken aus.

Grafische Darstellung unseres Königreichs

In der Übersicht auf Seite 74 fassen wir noch einmal zusammen, was wir erarbeitet haben. Gefühle der Sympathie wären dabei Freude, Glücklichsein, Staunen, Demut, Dankbarkeit, Ehrfurcht usw. Gefühle der Antipathie wären Ekel, Ärger, Hass, Zorn, Neid, Eifersucht, Arroganz, Gier usw.
Die Empathie ist jene Kraft des Fühlens in uns, die uns die Gefühle der anderen wahrnehmen lässt. Wir nennen sie auch Mitgefühl. Neben unseren ganz individuellen Geschmäckern der Sympathie und der Antipathie gibt es damit noch die neutrale Wahrnehmung der Gefühle anderer.

Die drei Fürsten kennen wir nun. Alle drei werden wir für die Arbeit an unseren Glaubenssätzen benötigen. Der Fürst des Denkens ist der entscheidende, um überhaupt erkennen zu können. Der Fürst des Fühlens spielt eine wichtige Rolle, weil alle Glaubenssätze mit Emotionen verbunden sind. Und der

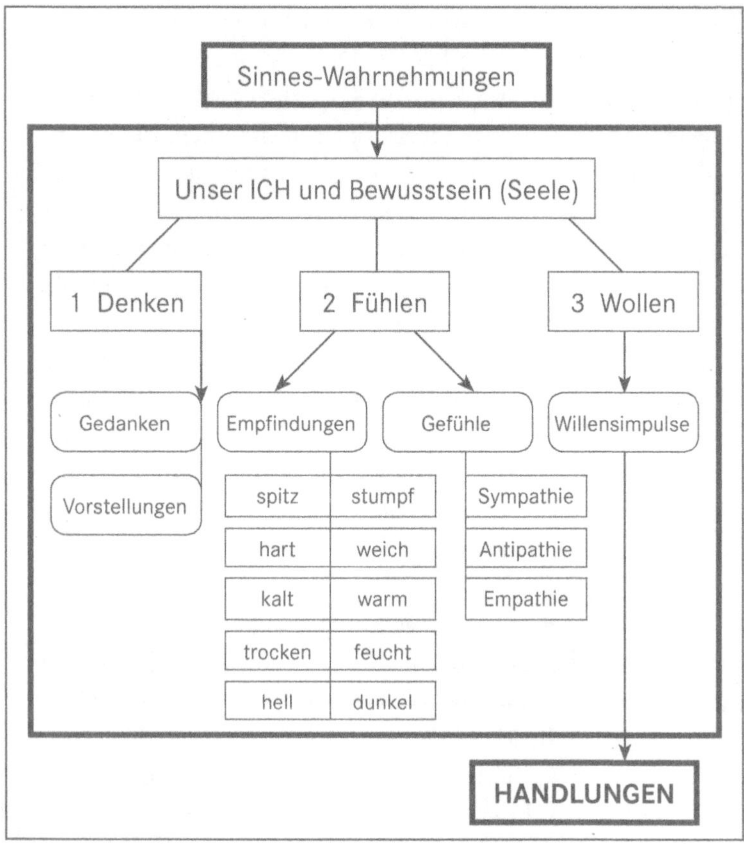

Übersicht über unsere Innenwelt, unser Königreich

Fürst des Wollens ist erforderlich, weil wir ohne ihn nichts tun und verändern werden. Die letzten beiden Fürsten folgen aber dem ersten. Dieser geht voraus. Aber nur, wenn wir bewusst aus unserem Ich heraus handeln. Ansonsten werden die Fürsten den König beherrschen.

Auf wie viele Glaubenssätze sind Sie inzwischen gestoßen, die Sie schon als solche erkannt haben und die Sie nun gerne ernsthaft überprüfen würden oder bereits geändert haben?

Die zweite Veränderung grundlegender Glaubenssätze: Erkenne deine Kräfte

Persönlicher Machtfaktor 1: Unser Weltbild

»Unsere Überzeugungen steuern unsere Biologie.«

Bruce Lipton

Wir wissen nun um unsere drei Fürsten und den König. Wir wissen um unser Königreich. Doch woraus besteht dieses eigentlich? Es ist ein Ozean aus Empfindungen und Gefühlen, aus Gedanken und Willensimpulsen. Dieses innere Königreich, über das wir herrschen sollen, ist ein großes Mysterium.

In unserem Reich gibt es ein kleines Universum an Wissen und ganz wenige Glaubenssätze, um die es uns geht. Jetzt ist die Frage, wie diese Glaubenssätze entstehen und welche Macht sie über uns haben. Dabei stoßen wir unweigerlich auf den Begriff WELTBILD.

Ein jeder trägt in sich das, was wir Weltbild nennen. In meinen Seminaren lasse ich die Teilnehmer immer erarbeiten, was sie darunter verstehen und welch große Bedeutung das Weltbild für jeden Einzelnen hat. Diese zwei Fragen wollen wir jetzt klären, denn damit erfassen wir bereits einen Teil der Macht unserer Glaubenssätze.

Nun sind die Seminarteilnehmer mit der Aufgabe befasst, in Gruppenarbeit eine klare Beschreibung für den Begriff Weltbild zu finden. Manche Gruppen finden es selber heraus, manche schaffen es nicht. Das steht bei dieser Übung auch nicht im Vordergrund. Viel wichtiger ist die Erfahrung der Teilnehmer an dem Erkenntnisprozess. Hier geschieht etwas in unserer Seele: Jede bewusste, lebendige Erkenntnis verändert uns als Menschen, wirkt sogar bis in jede einzelne Zelle, wie wir aus der neurobiologischen Forschung wissen. Deshalb sind diese Erkenntnisschritte eine wichtige Lebenspraxis.

Schlussendlich kommen wir in den Seminaren immer zu demselben Ergebnis, auf das sich alle einigen können. Wichtig ist, dass das Ergebnis, das ich Ihnen jetzt vorstelle, nicht von mir erfunden ist. Es scheint eine allgemeingültige Wahrheit zu sein. Was also bedeutet der Begriff Weltbild?

Ab der frühen Kindheit beginnen sich in uns die Vorstellungen zu bilden, die wir uns über die Welt machen. Wenn wir lernen, dass wir nur Liebe bekommen, wenn wir brav sind, bildet sich diese Vorstellung heraus. Und erst viel später, nachdem wir immer brav gewesen und trotzdem fürchterlich auf die Nase gefallen sind, mögen wir dahinterkommen, dass Liebe etwas ganz anderes ist. So kommen wir zu folgendem Ergebnis:

> Das Netzwerk all unserer Vorstellungen und Begriffe über die Welt nennen wir Weltbild. Als Welt verstehen wir dabei alles, was existiert, materiell und geistig oder seelisch, auch uns selbst.

Demzufolge findet unser Weltbild im Fürstentum unseres Denkens statt.

Wir verbrennen uns als Kind die Finger an der Herdplatte. In der Wahrnehmung der Herdplatte haben wir ein zeitlich begrenztes Bild, das WAHRNEHMUNGSBILD. Wir formen im Nachklang als Nachbild daraus ein Vorstellungsbild – das innere Bild einer Herdplatte. Das Erlebnis erzeugt in uns ein Empfindungsbild mit der Empfindung »heiß« und dann ein Gefühlsbild mit den Gefühlen »Schmerz, unangenehm«. Dann geben wir den Dingen ihre Namen und bekommen ein »Begriffsbild« – »Herdplatte, heiß, Schmerz, Finger weg«. Aus diesem Erlebnis lernen wir. Wir speichern das alles zusammen ab und nennen das dann »Erfahrung«. Wir ziehen unsere

Schlüsse aus unseren Erfahrungen: »Wenn Herdplatte heiß, dann Finger nicht drauflegen.« So schaffen wir in uns unser »Meinungsbild«, also in unserem Denken ein Vorstellungs- und Begriffsbild. »Denkbild« können wir es auch nennen. Dieses ist ein Abbild von der wirklichen Welt. Wir bilden sozusagen die Außenwelt in unsere Innenwelt ab und erschaffen so eine eigene Welt, die wir »unsere« Welt nennen. Daher sagen wir auch: »Wir *bilden* uns eine Meinung« und vertreten sie. Damit sind wir in der Welt der Glaubenssätze angekommen.

Welterschaffung durch Erfahrung

Jetzt haben wir die ganz persönlichen Gesetze unseres Königreichs gefunden. Denn diesen Teil des Reiches erschaffen wir selbst. Eng verknüpft mit dem Weltbild sind all die Gefühle, die die Gedanken begleiten, also das zweite Fürstentum. Parallel zum mentalen, gedanklichen Weltbild besteht so etwas wie ein Stimmungsbild, das einen großen Einfluss bei der Entstehung unseres Weltbilds hat.

Wir wissen nun, was unser Weltbild ist. Jeder von uns hat selbstverständlich ein anderes Weltbild, und wir ahnen hier schon, woraus all unsere Konflikte resultieren. Alle Konflikte sind Weltbild-Konflikte! Wir haben auch verstanden, dass unser Weltbild aus unseren Erfahrungen entsteht. Kennen Sie Menschen mit geringem Selbstwertgefühl, die ständig an sich zweifeln? Die sich für dumm halten und nie darüber nachgedacht haben, dass sie das so oft von ihren Eltern gehört hatten, bis sie es selber glaubten? So entstehen Glaubenssätze wie »Ich bin dumm« in unserem Weltbild aus Gefühlen, auch unterdrückten Gefühlen. Das ist ein Beispiel, wie sich ein in der Kindheit geprägter Glaubenssatz später auswirken kann.

Wir hatten im Kapitel »Was ist notwendig – Mensch erkenne dich selbst« das Beispiel des kleinen Mädchens, das der Mutter

gesagt hatte, dass sie den Papa nicht lieben würde. Diese Frau hat den Zweifel an ihren Gefühlen, der durch die Mutter geprägt worden war, als Erwachsene übernommen und auch an den Gefühlen ihres Partners gezweifelt.
Unsere Gefühle spielen also eine entscheidende Rolle bei der Entstehung unseres Weltbildes. Sie sind nicht direkter Teil des Weltbilds, das sich im Denken abspielt, aber sie sind angekoppelt an unser Weltbild. Daraus entstehen unsere beständigen Bewertungen, die eine Mischung aus Denken und Fühlen sind. Wenn bestimmte Situationen auftreten, dann wird stets der passende Teil unseres Weltbildes aktiviert, unsere dazugehörigen Gefühle dazu und unsere Bewertungen. Und wir verhalten uns dann immer gleich, denn wir haben uns dieses Verhaltensmuster so antrainiert. Das geschieht so lange, bis wir bewusst unseren König aktivieren, unser Ich einschalten. Meist tun wir das erst, wenn das Leid groß genug geworden ist. Wir rufen den König erst, wenn sich das Volk bereits die Köpfe eingeschlagen hat. Wozu ich Sie aufrufen will, ist, den König schon viel früher einzuschalten.

Erforschung

Beobachten Sie während des Tages, welche und wie viele emotional gesteuerten Bewertungen Sie von anderen hören oder selber von sich geben. Benutzen Sie das kleine Büchlein, um sie zu notieren.

Damit trainieren Sie Ihren König, Ihr Ich-Bewusstsein. Das ist ein wesentlicher Schlüssel zur Glaubenssatz-Meisterung. Nur wenn wir hören, was wir so von uns geben, werden wir unsere Glaubenssätze erkennen.

Jedes Weltbild ist persönlich

Newton sah den Apfel vom Baum fallen wie jeder Mensch auch. Das ist das flüchtige Sinnesbild. Diesen ganzen Vorgang zu benennen und dann sogar zu fragen, warum der Apfel nach unten fällt und dann eine Erklärung dafür zu geben, bedeutet, ein Weltbild zu schaffen. Beachten Sie bitte das Wort »schaffen«. Wir sind die Schöpfer unseres Weltbilds! Jeder Mensch erzeugt in sich ein Weltbild. Wir sind Schöpfer einer eigenen *realen* Welt in unserer Seele.

Bitte beachten Sie auch das Wort »real«. Unsere Gedanken und Vorstellungen besitzen nämlich eine geistige Realität. Daher schafft ein jeder von uns eine echte neue Welt, ein persönliches Abbild der Außenwelt, eine Bild-Welt, das eigene Weltbild. Und bitte beachten Sie: Das ist eine These von mir. Prüfen Sie diese für sich, denn sie beinhaltet einen Glaubenssatz. Ich setze voraus, dass Gefühle und Gedanken eine Realität haben, die unabhängig von unserem Gehirn ist. Das muss ich aber voraussetzen, weil ich vorher aufgezeigt habe, dass sonst eine Glaubenssatzarbeit keinen Sinn hätte.

Erforschung

Lassen Sie sich die Erkenntnis, dass Ihre eigenen Gedanken und Gefühle eine ganz reale Welt in Ihnen darstellen, bewusst durch den Kopf gehen. Fühlen Sie, was das für Sie bedeutet: Sie erschaffen eine eigene mentale Welt in sich. Sie sind der Schöpfer dieses Teils Ihres Königreichs. Welche Gefühle tauchen dabei in Ihnen auf, wenn Sie diese Erkenntnis nachvollziehen und in sich erfassen, wenn Sie sich dieser Erkenntnis wirklich hingeben?

Unser Weltbild ist mehr als eine Summe von Begriffen, es ist offensichtlich ein richtiges Netzwerk. Zur Veranschaulichung ist WIKIPEDIA ein gutes Beispiel. Denn so wie wir heute in diesem Online-Lexikon im Internet etwas erfragen und dabei auf beliebig viele Links, also Verweise, stoßen, ebenso geht es in unserem Denken vor sich. Unser Geist vernetzt andauernd unglaublich viele Verweise – das sind unsere Begriffe – in Blitzesschnelle. Wikipedia scheint eine gewisse Nachbildung unseres Netzwerks von Gedanken zu sein, die alle ganz real miteinander verbunden sind.

Individuelle Verknüpfungen

Woran aber können wir erkennen, dass eine solche Verbindung existiert? Wir könnten jetzt wieder die Gehirnforschung mit ihren Nervenzellen, Nervenfasern und Synapsen heranziehen. Wir wollen aber bei unserer eigenen Erfahrung bleiben. Denn unsere Glaubenssätze zeigen sich nicht durch Gehirnmuster, sondern durch eigene Innenforschung.

Erforschung

Schließen Sie die Augen und denken Sie über irgendein Thema nach. Stellen Sie sich zum Beispiel die Frage, was Sie über Autos wissen, über deren Herstellung oder über das Innenleben unter der Motorhaube. Oder was Sie über die Inhaltsstoffe Ihrer Kosmetika wissen.

Beobachten Sie dabei Ihren Geist, Ihre Gedanken. Beobachten Sie, wie Ihr Geist Verknüpfungen herstellt. Beobachten Sie, wie neue Gedanken, Assoziationen, Erinnerungen kommen, die sich ganz automatisch miteinander verknüpfen.

Das geschieht alles blitzschnell. Denken Sie an den Mount Everest. Sofort werden Sie – je nachdem, wie Ihr persönliches Weltbild geprägt ist – an Indien denken, an Sherpas, an einen Film über diesen Berg, an den Gedanken »höchster Berg der Welt« usw. Das zeigt uns, dass unser Weltbild in sich vernetzt ist, vernetzt sein muss.

Weltbild schafft Realität

Jetzt geht es um die zweite, die entscheidende Frage: *Welche Bedeutung hat unser Weltbild für unser Leben?*
Diese Frage ist sehr wichtig, da sie unmittelbar mit unseren Glaubenssätzen zu tun hat. Die folgenden beiden Geschichten verdeutlichen das in beeindruckender Weise.

Geschichte 1

In einem Verladebahnhof in Hamburg beklagten sich die Arbeiter über die zu schweren Transportboxen. Die Krankheitsrate im Bereich Rücken- und Bandscheibenprobleme war sehr hoch. Die schwarzen Boxen wurden weiß gestrichen und die Geschäftsführung ließ die Arbeiter in dem Glauben, dass die Boxen leichter seien, obwohl ihr Gewicht gleich geblieben war. Die Rücken- und Bandscheibenprobleme gingen zurück, die Arbeiter waren zufrieden.

Geschichte 2

Eine Gruppe von Grubenarbeitern wurde verschüttet. Nur einer hatte eine Uhr dabei und konnte verfolgen, wie viel Zeit sie verschüttet unter Tage verbrachten. Wann immer seine Kollegen ihn fragten, wie lange sie bereits unter der Erde seien, reduzierte er die Zeitspanne, um ihnen die Angst zu nehmen. Bald wusste er selbst, dass sie bereits zu lange verschüttet waren, um noch überleben zu können. Doch den anderen sagte er nichts davon. Er ließ sie in dem Glauben, dass viel weniger Zeit verstrichen war. Dann geschah das Wunder: die Verschütteten wurden doch noch gerettet und alle überlebten – bis auf einen, den Grubenarbeiter mit der Uhr. Er war unter Tage gestorben und hatte die Uhr noch vernichtet, sodass die anderen erst hinterher erfuhren, dass er ihnen durch die Fehlinformation das Leben gerettet hatte.

In beiden Fällen bewirkte der Glauben das Resultat. Die Arbeiter »glaubten«, dass die Container leichter geworden waren. Der Bergarbeiter »glaubte«, dass er sterben müsse, weil das niemand überleben könne. Glaubenssätze, Vorstellungen gepaart mit dem starken Gefühl der Wahrheit, haben diese Wirkung auf unser Leben.
Die Frage nach der Bedeutung unseres Weltbilds beantworten alle Seminarteilnehmer ohne Ausnahme mit der Feststellung, dass unser Weltbild das Entscheidende überhaupt ist.

> Unser Weltbild ist alles-entscheidend für unser Leben. Damit stoßen wir auf die faszinierende Erkenntnis: Alles Lernen, alle Weiterentwicklung im Leben ist nichts anderes als Weltbildarbeit, Arbeit am persönlichen Weltbild.

Unser Leben besteht neben dem Genießen der Welt aus Lernen und damit einer beständigen Arbeit am Weltbild. Und es besteht aus zwei Komponenten: *Korrektur* und *Erweiterung*. Inneres Wachstum bedeutet Wachstum unseres Weltbildes und aus diesem heraus die Aneignung von neuen Fähigkeiten.
Unser Weltbild ist also ein entscheidender, wenn nicht *der* entscheidende Einflussfaktor in unserem Leben. Diese Erkenntnis ist es, die hier bewusst gemacht werden soll. Und unser Weltbild hängt entscheidend von unseren Glaubenssätzen ab. Wie, das werden wir noch genauer sehen.

Glaubenssätze als Grundeinstellungen

Damit haben wir den ersten Faktor der Macht in unserem Denken, unser Weltbild, erkannt, haben gesehen, wie machtvoll unser Denken in Bezug auf unser Leben ist. Und wir haben in den Übungen im Kapitel »Geheimnis Wahrnehmung« konkret erlebt, dass die Gedanken Gefühle erzeugen und diese wiederum Körperreaktionen. Damit stehen wir mitten im Bereich der Psychosomatik, jenen Teil der Medizin, der untersucht, wie unsere Psyche den Körper beeinflusst, und der Epigenetik, jenem Teil der Biologie, der das konkret biologisch untersucht, unter anderem, wie unsere Gedanken unsere Gene steuern.
Wir tragen mindestens zwei Welten in uns, die sich miteinander vermischen: unsere Gefühlswelt und unsere Gedan-

kenwelt. Beide Welten hängen offensichtlich eng miteinander zusammen, und jetzt können wir konkreter ausdrücken, was ein Glaubenssatz ist:

Definition Glaubenssatz

Ein Glaubenssatz ist eine Aussage und Vorstellung im Denken. Er wird stets begleitet von einem mehr oder weniger starken Gefühl.

Ein Glaubenssatz kann auch als »Überzeugung« bezeichnet werden. Auch der Begriff der »Einstellung« passt hierzu. Denn wie bei einer Maschine eine bestimmte Einstellung einen bestimmten Ablauf bewirkt, so bewirken unsere Glaubenssätze bestimmte Verhaltensmuster.

Wir geben einem Glaubenssatz mit unserem Gefühl der Überzeugung eine Relevanz und Macht. Er ist somit tief eingeprägt in unserer Gefühlsstruktur und kann sich daher direkt körperlich auswirken: Wenn er durch einen Reiz aktiviert wird, nimmt er über Ausschüttung von Botenstoffen, Hormonen usw. Einfluss auf unseren Körper. Glaubenssätze können den Körper gesund oder auch krank machen.

Ein rein abstrakter, mentaler Satz wirkt nicht auf den Körper. Er ist in diesem Sinne noch kein wirkungsvoller Glaubenssatz. Erst wenn die mentale Vorstellung von Gefühlen durchdrungen ist, entfaltet er Wirkkraft.

Ein Glaubenssatz beeinflusst zudem unsere Handlungen. Immer wenn er aktiviert wird, führt er zu einem Verhaltensmuster, das von uns als richtig definiert wurde.

Dieser Automatismus ist gut und richtig, denn wir können nicht in jedem Moment alles neu denken. Allerdings müssen wir bereit sein, unsere »Einstellungen« zu überprüfen, wenn etwas nicht gut funktioniert. Alles, was wir als Wahrheit erkannt haben, führt uns zu automatischen Handlungen, zu inneren Programmen. Wir haben das Autofahren gelernt, wissen, wie es geht, und das lässt uns automatisch fahren. Wenn wir allerdings einen Unfall bauen, mag es angebracht sein, unser Autofahren zu überdenken.

Es sei noch einmal darauf hingewiesen, dass alle diese Kapitel bereits eine intensive Praxis darstellen, die Sie ausüben. Denn was tun Sie hier? Sie arbeiten an Ihrem Weltbild. Das ist die Grundlage für alle Veränderungen im Leben. Es scheint viel Theorie zu sein. Dazu hat der große deutsche Philosoph Johann Gottlieb Fichte (1762–1814) einmal gesagt: *»Eine gute Theorie ist die beste Praxis.«*

Glücksmotiviertes Handeln

Erkennen Sie, was unser Weltbild für eine wunderbare Sache ist? So wie jeder ein Werkzeug wie einen Hammer praktisch verwenden kann, so ist die Erarbeitung einer guten Theorie bereits praktische Arbeit. Denn die Änderung des Weltbildes ist Praxis. Und diese Praxis wirkt, wie wir aus der Biologie wissen und hören, heilend bis in jede Zelle hinein. Jede Erkenntnis heilt, und daher meinten schon die alten Inder in ihren weisen vedischen Schriften, aus denen auch der Yoga stammt: »Der größte Heiler ist Erkenntnis.«

Glaubenssätze wirken beständig auf unser Leben, auf unseren Körper, und sie sind die Basis unseres Handelns. Denn unsere Handlungen beruhen auf unserem Willen. Dieser aber beruht auf unserem Denken. Denn immer, wenn Sie etwas wollen, müssen Sie wissen, *was* Sie wollen.

Dieses Was aber findet im Denken statt. Es ist eine Vorstellung, das »Motiv«. Also geht alle Handlung vom Denken aus. Es ist dabei aber auch stets ein Gefühl beteiligt. Denn wenn wir etwas wollen, wollen wir etwas erreichen, ein Ziel, so klein oder groß es ist. Jedes unserer Ziele ist aber stets von einem Wunsch begleitet, dass es uns oder anderen gut geht. Und ein solcher Wunsch verbindet sich mit einem Gefühl, einem Gefühl von Wohlbefinden, Glücklichsein, Ruhe, Zufriedenheit usw. So erkennen wir in unserem Weltbild die treibende Kraft in unserem Leben, sei es als unbewusstes oder bewusstes Weltbild. Glaubenssatzarbeit bedeutet in jedem Fall, sich sein Weltbild bewusst zu machen.

Persönlicher Machtfaktor 2: Wahrheit

»Und ich will den Vater bitten und er wird euch einen anderen Tröster (Beistand) geben, dass er bei euch sei in Ewigkeit: den Geist der Wahrheit.«

Evangelium nach Johannes 14, 16-17

Wir sind uns nun bewusst, dass unser Weltbild entscheidend für unser Leben ist. Unser Weltbild wiederum formen wir durch unsere Glaubenssätze, so wie der König sein Reich durch Gesetze regiert. Wenn unser Weltbild so entscheidend ist, stellt sich für den König die Fragen: »Ja, was sind denn die *richtigen* Gesetze für mein Reich?«

Übertragen auf uns heißt das: »Ja, woher weiß ich denn, *welches* Weltbild richtig ist? Was ist denn überhaupt ein richtiges Weltbild? Was ist denn ein richtiger Glaubenssatz? Wie kann ich das überhaupt herausfinden? Was ist denn die Wahrheit? Wie soll ich denn wissen, was wahr ist?« Hierzu wieder eine kleine Geschichte.

Eine Mutter von zwei Kindern ist in einer verzwickten Situation. Der Sohn ist ständig krank und sehr schwierig im Umgang. Der Mann ist ebenso schwer krank und nicht in der Lage zu helfen. Die Mutter ist völlig überfordert und bürdet daher ihrer pubertierenden Tochter die Last auf, sich um den Bruder zu kümmern. Immer wieder sagt sie ihr: »Sei du bitte lieb, sei du wenigstens lieb.« Dieser Satz prägt sich der Tochter ein und sie folgt ihm viele Jahre lang. Das hat zur Folge, dass sie immer »lieb« ist und vor allem nicht »nein« sagen kann. Eines Tages erkrankt sie schwer an einer lebensgefährlichen Autoimmunkrankheit. In dieser Zeit wird ihr bewusst, dass sie im Grunde nur das Weltbild ihrer Mutter gekannt, dieses für

richtig gehalten und danach gelebt hat. Langsam erkennt sie, dass es noch viele andere Weltbilder gibt und dass jenes ihrer Mutter nicht das einzig wahre sein kann. Sie begreift, dass der Glaubenssatz »Ich muss immer lieb sein« dazu geführt hat, dass sich eine ganze Menge Wut und Aggression in ihr aufgestaut hat und sich nun gegen ihren Körper richtet. Wir wissen heute aus der medizinisch-biologischen Forschung der Epigenetik, dass das Ursache für viele und vor allem schwere organische Erkrankungen ist.
Für diese Frau und für jeden von uns stellen sich in solchen Situationen die oben genannten Fragen nach der Wahrheit.

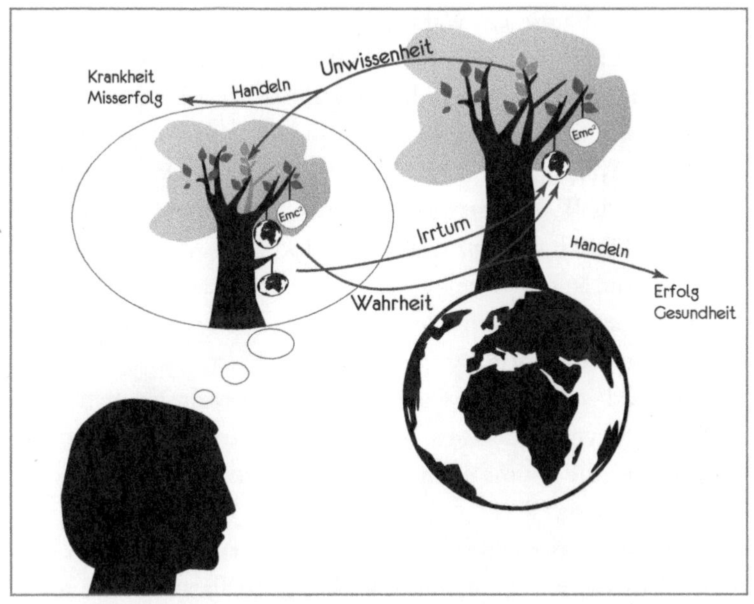

Zusammenhang zwischen Weltbild und Wirklichkeit – Wahrheit und Irrtum als Abbild der Wirklichkeit in unserem Bewusstsein

Die Frage nach der Wahrheit ist extrem wichtig. Denn wie sollen wir bei einem Glaubenssatz wissen, ob er richtig oder falsch ist? Wie soll ich als König mein Reich regieren, wenn ich nicht klare Gesetze erteile? Betrachten wir dazu die Skizze auf Seite 84.

Auf der rechten Seite ist das Universum oder die Welt und auf der linken sind wir. In der Außenwelt geschehen Dinge und wir machen uns Gedanken darüber. Zunächst gilt:

> Es gibt eine WIRKLICHKEIT, das, was ist.

Diese Wirklichkeit zeigt sich uns zunächst über unsere Wahrnehmung in unserem Wahrnehmungsbild. Aus diesem erschaffen wir zusammen mit dem Denken und Fühlen ein geistiges Abbild, unser Weltbild, das verbunden ist mit unserem Gefühlsbild, wie wir die Welt empfinden. Aus den Vorstellungen des Weltbildes treffen einige zu. Diese sind dann wahr und werden als WAHRHEITEN bezeichnet. Andere treffen nicht zu. Sie sind falsch und wir nennen sie IRRTÜMER.

»Die Erde ist eine Scheibe« ist eine falsche Aussage, ein Irrtum, und zwar für alle Menschen. Wahr ist: »Die Erde ist eine Kugel oder hat Kugelform.«

Das Bild zeigt dort, wo die Bäume übereinstimmen, dass Wahrheit vorliegt. Dort, wo etwas fehlt, ist es Unwissenheit. Dort, wo die Bäume nicht übereinstimmen, liegen Irrtum oder ILLUSION vor.

Was tun wir permanent, wenn wir lernen oder uns entwickeln wollen, wenn wir uns und die Welt, den Partner oder unser Kind verstehen wollen? Wir suchen die Wahrheit und damit das korrekte Weltbild. Wenn wir Probleme mit einem Glaubenssatz haben, dann deshalb, weil er falsch ist und uns Probleme bereitet. Dann suchen wir den richtigen Glaubenssatz.

> Unsere ganze Suche als Mensch ist die nach dem korrekten Weltbild und daher nach der Wahrheit!

Wir alle haben unser eigenes Wahrnehmungsbild und unser persönliches Weltbild. Das verleitet uns dazu zu sagen, es gäbe nur persönliche Wahrheiten. Dies sind aber keine Wahrheiten, sondern Meinungen. Eine Meinung ist persönlich, aber noch keine Wahrheit. Zur Wahrheit wird sie, wenn sie mit der Wirklichkeit übereinstimmt. Dann ist sie aber keine Meinung mehr, weil sie dann für alle Menschen gilt.

Wenn wir eine Partnerschaft verlassen, glauben wir, dass dieser Partner nicht passt. Wenn wir dann einen anderen Partner haben und auf dieselben Probleme stoßen, glauben wir entweder, dass es wieder am Partner liegt oder wir beginnen zu ahnen, dass es an uns liegt. Wir beginnen unseren Glaubenssatz »Das liegt am anderen« zu korrigieren.

Grundgültige, universelle Wahrheit

Unsere Betrachtung ist auch stets nur *eine* Sichtweise auf die Wirklichkeit. Sie ist deshalb stets eine Teilwahrheit. Wir können zum Beispiel einen Baum von mehreren Seiten betrachten oder fotografieren. Wir bekommen dadurch lauter verschiedene Bilder von ein und demselben Baum. Das sind die verschiedenen Sichtweisen. Daher sollten wir uns hüten zu glauben, wir hätten mit einer Wahrheit schon die ganze Wahrheit gefunden.

Was aber ist die Wahrheit über den betrachteten Baum? Die eine Wahrheit ist, dass er zum Beispiel eine Eiche ist. Das gilt übrigens ganz grundlegend, egal wie speziell diese betrachtete Eiche aussieht. Für jeden, der weiß, was eine Eiche ist,

ist das dann klar. Wir benennen den Baum. Das geht nur mit Begriffen, mit dem Denken. In dem Begriff »Eiche« aber steckt alles, was eine Eiche ausmacht. Es gibt die Idee einer Eiche und jede reale Eiche ist eine spezielle Verwirklichung dieser Idee. Das ist eine Wahrheit, und sie ist universell, das heißt für jeden Menschen gleich richtig, und eben *nicht* »persönlich«. Die gängige Meinung, dass es persönliche Wahrheiten gibt, ist ein Irrtum. Machen wir uns also bewusst:

> Wahrheit ist grundsätzlich universell, das heißt für jeden Menschen gleich und nachvollziehbar.

Es gibt die ewig bestehende Wahrheit, dass der betrachtete Baum eine Eiche ist. Es ist auch eine Wahrheit, dass die Eiche ein Baum ist.

Dann aber gibt es die Bilder, die eine spezielle Eiche an einem speziellen Ort und zu einer speziellen Zeit in einem speziellen Zustand abbilden. Das sind dann Teilwahrheiten.

Wenn zwei Menschen nun denselben Blickwinkel auf eine Sache haben, dann bekommen sie zwei gleiche Sichtweisen, zwei gleiche Teilwahrheiten. Dann verstehen sich die beiden Menschen. In diesem Teil haben sie das gleiche Weltbild.

Wenn sie es nicht haben, entstehen Konflikte, oder sie müssen ihre Sichtweisen ändern. Was aber ist dazu erforderlich? *Ich* muss mir meiner Sichtweise *bewusst* werden. Der König ist gefragt. Wenn wir das nicht tun, entsteht Streit, weil man recht haben will und nicht die Wahrheit sucht. Die Könige führen dann Krieg.

Basis der Teilwahrheiten

Über Wahrheiten streitet niemand, nur über Meinungen, Sichtweisen und Teilwahrheiten und deshalb über Glaubenssätze. Um uns mit jemand anderem zu verständigen, müssen wir seinen Blickwinkel einnehmen. Dann »ver-stehen« wir ihn. Sehen Sie, wie die wunderbare deutsche Sprache in diesem Wort zum Ausdruck bringt, dass Verstehen den Wechsel der Betrachtung, des Standpunkts bedeutet?

Wahrheit ist niemals persönlich, sondern immer universell. Die Universalität der Wahrheit ist eine fundamentale Erkenntnis, die wir für unsere Glaubenssätze benötigen.

Etwas anderes ist es, wenn wir eine LÜGE äußern, also die Wahrheit kennen, aber die Unwahrheit sagen. Das ist dann Unwahrhaftigkeit. Somit bekommen wir auch Klarheit über Wahrheit – diese findet im Denken statt –, über Wahrnehmung – diese findet in den Sinnen statt – und Wahrhaftigkeit – diese findet im Wollen statt.

Unsere Erkenntnis, die sich durch die Abbildung über den Zusammenhang zwischen Weltbild und Wirklichkeit zeigt, lautet:

> Der Begriff »Wahrheit« ist nur sinnvoll in der Sphäre des Denkens.

Bitte unterscheiden Sie auch zwischen dem Begriff »Wahrheit«, also das, was wir generell unter Wahrheit verstehen, und spezielle »Wahrheiten« über ein bestimmtes Thema.

Bevor wir über bestimmte Wahrheiten nachdenken, müssen wir uns erst einmal klar werden, was Wahrheit an sich ist. Wenn wir über die Liebe zum Kind oder zum Partner nachdenken, müssen wir uns vorher bewusst sein, was Liebe an sich ist. Erst dann können wir über die Unterschiede nachdenken. Können Sie nachvollziehen, wie wichtig dieses Gebiet ist und warum sich seit Jahrhunderten nicht nur die Denker und Philosophen, sondern alle Menschen darüber streiten?

Der wahre Teil des Weltbilds
Wir müssen uns an dieser Stelle darauf einigen, was wir unter Wahrheit verstehen, weil wir sonst niemals sinnvoll über Glaubenssätze diskutieren können:

> Wahrheit ist der korrekte Teil unseres Weltbildes.

Kann es sein, dass Sie an dieser Stelle einen weiteren Glaubenssatz korrigiert haben oder diesen vielleicht korrigieren müssen: dass es keine persönlichen Wahrheiten gibt? Erkennen Sie, wie viel Glaubenssatzarbeit Sie hier bereits leisten?
Was bedeutet es denn für Ihr Leben, wenn Sie mit einer falschen Vorstellung über Wahrheit in die Welt hinausgehen? Wahrheit entscheidet zwischen falsch und richtig. Bei der Wahrheit geht es um die Richtigkeit von Aussagen, die wir mit unserem Denken treffen können:

> Wenn unsere Vorstellung von der Wirklichkeit mit der Wirklichkeit übereinstimmt, nennen wir diese Vorstellung (oder Aussage, Urteil) »wahr«, ansonsten »falsch«.

Beispielsweise fragen wir bei einem Mordfall nach dem Täter. Tatsache ist, dass ein Mensch getötet wurde. Die Kriminalpolizei hat herauszufinden, wer der Mörder ist. Verschiedene Verdächtige werden überprüft, es gibt vielleicht verschiedene Thesen und Sichtweisen, aber nur eine Wirklichkeit und nur eine Wahrheit. An diesem Beispiel sehen Sie, dass es keinen Sinn macht, von persönlichen Wahrheiten zu sprechen.

Wahrheitsstreben als Grundorientierung

Nun haben wir zwei fundamentale Bausteine für die Macht unseres Denkens gefunden, die wir für unsere Glaubenssätze benötigen: Weltbild und Wahrheit.

Im Finden der Wahrheit und der richtigen Glaubenssätze liegt unsere persönliche Entwicklung. Denn mit jeder Wahrheit wächst unser Weltbild. Und wenn wir Glaubenssätze korrigieren wollen, müssen wir herausfinden, ob sie stimmen oder nicht.

Zur Lüge gibt es zwei bekannte Glaubenssätze: »Der Ehrliche ist der Dumme.« Oder: »Ehrlichkeit währt am längsten.«

Sehen Sie, dass wir hier durch zwei unterschiedliche Glaubenssätze zu ganz anderen Handlungen kommen? Welche dieser beiden Meinungen entspricht aber nun der Wahrheit? Wie können wir das herausfinden? Durch das *richtige* Weltbild. Aber wie finden wir dieses? Durch das Leben und all das, was ich in diesem Buch beschreibe. Der König muss seine Gesetze finden und aus seinen Erfahrungen lernen – bewusst lernen. Und dazu gehören auch Fehler.

Fehler als Helfer zur Wahrheit

Irrtümer in unserem Weltbild führen zu Fehlern im Handeln. Dürfen wir daher keine Fehler machen? Das ist nicht denkbar! Menschsein bedeutet, Fehler machen zu können und zu dürfen. Denn aus Fehlern lernen wir. Oft kann ein einziger Fehler krisenhafte Folgen haben. Jedoch kann jeder Fehler, wenn er klug genutzt wird, zu positiven Veränderungen führen. Das Lernen aus Fehlern bedeutet ja nichts anderes als unser Weltbild zu verändern! »Fehler« bedeutet nämlich das »Fehlen« von Erkenntnis! Je mehr wir also an Erkenntnis gewinnen, desto weniger Fehler benötigen wir und desto weniger Leid wird uns begegnen.

Daher erscheinen die Wahrheit und die unbedingte Liebe zur Wahrheit als die wichtigsten Pfeiler unseres Lebens und auch der Meisterschaft über unsere Glaubenssätze. Nur wenn wir ehrlich nach der Wahrheit streben, kann das Leben überhaupt erfolgreich gemeistert werden. Jeder Irrtum und vor allem jede Lüge werden uns irgendwann Kopfschmerzen bereiten.

Persönlicher Machtfaktor 3: Die Dinge beim richtigen Namen nennen

»Wenn die Sprache nicht stimmt, so ist das, was gesagt wird,
nicht das, was gemeint ist;
ist das, was gesagt wird, nicht das, was gemeint ist,
so kommen die Werke nicht zustande;
kommen die Werke nicht zustande,
so gedeihen Moral und Kunst nicht;
gedeihen Moral und Kunst nicht, so trifft die Justiz nicht;
trifft die Justiz nicht,
so weiß das Volk nicht,
wohin Hand und Fuß setzen;
also dulde man keine Willkür in den Worten.«

Konfuzius

Wir haben für die Definition einiger Begriffe wie Weltbild und Wahrheit viel Zeit investiert. Dieses Kapitel soll noch einmal verstärkt ins Bewusstsein rufen, warum das so wichtig ist.

Als ich mit anderen Deutschen in einem Hotel in Sri Lanka beim Essen war, baten wir um eine Auswahl an Saucen – auf Englisch »sauces«. Wie erstaunt waren wir, als plötzlich Ketchup und ähnliche Dinge auf dem Büfett standen. Es dauerte geraume Zeit, bis wir herausfanden, dass die Singhalesen unter dem englischen »sauces« etwas anderes verstanden als wir. So löste sich dieser Konflikt unter viel Gelächter auf.

Eine gute, erfolgreiche Kommunikation funktioniert nur, wenn sich die Parteien verstehen. Dazu müssen sie die korrekten Begriffe verwenden, Begriffe, die beiden klar sind. Das gilt für jede Sprache und jede Fachsprache.

Unsere Welt funktioniert nur, wenn wir uns untereinander verständigen können. Chinesen und Amerikaner können sich nur verständigen, wenn sie die Sprache des anderen lernen, beide eine dritte Sprache sprechen oder einen Dolmetscher haben. Das gilt für die Kommunikation im Beruf ebenso wie in unseren privaten Beziehungen.
Warum ist dieses Thema an dieser Stelle so wichtig? Wenn wir unsere Glaubenssätze klären wollen, dann müssen wir die Wahrheit für uns herausfinden. Wahrheit aber bedeutet korrektes Formulieren im Denken und damit in Begriffen, in Worten, in Sprache. Wenn wir aber falsche Begriffe verwenden, dann entstehen daraus falsche Glaubenssätze. Oft ist auch nur der Begriff falsch und nicht der Glaubenssatz an sich. Einer der Begriffe, der uns am meisten Probleme macht und an dem so viele Glaubenssätze hängen, ist der der Liebe. Fragen Sie hundert Menschen und Sie bekommen hundert Meinungen. Und das gilt für nahezu alle Begriffe, die mit unserer Seele und unserem Geist zu tun haben. Daher haben wir bisher so systematisch versucht, alle Begriffe zu erarbeiten und zu klären. Und das ist auch der Grund, warum wir eine echte Wissenschaft vom Geist benötigen, wie ich sie Ihnen zum Abschluss vorstellen werde.

Eindeutige Begriffe als Basis

»Er liebt mich nicht«, »Er versteht mich nicht« – all diese Aussagen bringen nur Probleme, solange wir uns nicht klar sind, was wir wirklich mit »Liebe« oder »Verstehen« meinen. Wir verschwenden unglaublich viel Zeit mit Streitereien, anstatt aufzuhören, aneinander vorbeizureden und die Begriffe gemeinsam zu klären. Natürlich ist das nicht einfach, aber wir benötigen diese Klarheit für die Arbeit mit Glaubenssätzen und finden sie generell in der Wissenschaft, im wissenschaftlichen Denken. Dazu gleich mehr.

Wir haben festgestellt, dass persönliche Entwicklung Weltbildarbeit ist und dass unser Weltbild in unserem Denken stattfindet. Was aber sind die entscheidenden Elemente in unserem Weltbild? Die Begriffe. Wikipedia ist ein Netzwerk aus Begriffen. Ihr Weltbild ist auch ein Netzwerk von Begriffen. Und wenn diese nicht klar sind, ist auch Ihr Weltbild nicht klar. Es entspricht dann nicht der Wahrheit und führt somit automatisch zu Problemen. Gerade die Klarheit der Begriffe ist ein entscheidendes Element in der Glaubenssatzarbeit.

Daher sind Begriffe für Sie nicht nur in der Kommunikation mit anderen wichtig, sondern auch bei der Kommunikation mit sich selbst. Leider wird dieser Aspekt meistens sehr unterschätzt und das Fühlen in den Vordergrund gestellt. Wir haben aber in unserer Arbeit festgestellt, dass der Fürst des Fühlens in unserem Königreich nicht die Rolle des Wahrheitsfinders spielen kann, auch wenn das so viele Menschen immer wieder behaupten. Ein Glaubenssatz kann Ihnen nur dann bewusst und anschließend von Ihnen geändert werden, wenn Sie die Begriffe darin auch klar verstehen.

Ist Ihnen übrigens aufgefallen, dass Konfuzius in dem Zitat vom Anfang des Kapitels mit dem Denken beginnt, dann zum Fühlen – der Kunst – und dann mit »Hand und Fuß« zum Wollen – der Moral – kommt?

Persönlicher Machtfaktor 4: Die Logik in Ihnen

»Logik macht die Menschen kritischer und hilft, Irreführung und Pseudo-Argumente zu verhindern.«
Alfred Tarski

Sie haben bereits ein großes Programm hinter sich gebracht. Ich gratuliere Ihnen! Ich hoffe, dass Sie das trotz der Intensität mit Freude gemacht haben und jetzt ahnen, vielleicht sogar verstehen, wie wichtig diese Schritte sind, um unsere Glaubenssätze meistern zu können, und dass Sie bereits ganz wichtige Glaubenssatzarbeit geleistet haben.

Wir haben drei Seelenräume gefunden und sie als drei Fürstentümer unterschieden. Wir haben Wahrnehmung, Denken, Fühlen und Wollen als Kräfte und Schätze unseres Seins entdeckt, haben verstanden, dass wir klare Begriffe brauchen, um erfolgreich zu kommunizieren – auch mit uns selbst. Wir haben unser Ich und das Bewusstsein, ja sogar die Seele entdeckt und die alles entscheidende Macht unseres Weltbilds und der Wahrheit. Sie brauchen aber noch etwas, um zu erfassen, dass ein einziger Satz Ihr ganzes Leben verändern kann. Denn unser Sein als Mensch ist viel komplexer und auch großartiger, als wir meinen. Wir können jetzt die Frage stellen: Welche Kraft in uns erschafft überhaupt unser grandioses Weltbild aus all unseren Erfahrungen? Welche Instanz in uns erzeugt die vielen Erkenntnisse, die wir uns bilden?

Wir haben verstanden, dass wir aus unseren Erfahrungen, zum Beispiel in der Kindheit, Glaubenssätze aufbauen, die zum Teil richtig sind und zum Teil falsch. Doch unser Weltbild ist viel größer, besteht aus Abertausenden von Gedanken und Erkenntnissen. Wie entstehen diese? Mit dieser Frage stoßen wir auf eine grandiose weitere Kraft aus dem Bereich des Denkens. Wir haben jene Kraft längst vergessen, weil sie uns so selbstverständlich ist. Daher will ich sie Ihnen ins Bewusstsein rufen.

Die unbekannte Freundin

Sie besitzen eine wunderbare Freundin, ohne dass es Ihnen so recht bewusst ist. Sie ist ständig an Ihrer Seite. Sie berät Sie, hilft Ihnen in allen Situationen und ist da, wann immer Sie sie brauchen. Sie benutzen sie tagtäglich und sie ist ganz wesentlich am Entstehen unserer Glaubenssätze beteiligt. Sicherlich möchten Sie diese unbekannte Freundin gerne kennenlernen.
Diese Freundin, die wir alle an unserer Seite haben, ist die LOGIK. Und weil ihr Genus feminin ist, bezeichne ich sie als Freundin. Ob es die Eltern bei der Erziehung ihres Kindes, der Professor bei seiner Arbeit oder die Führungskräfte bei ihren Entscheidungen sind: Die Logik ist ein fundamentaler und beständiger Begleiter.

Übung

Machen Sie sich den Spaß und achten Sie darauf, wie oft Sie die Logik im Alltag anwenden. Zählen Sie Ihre logischen Schlussfolgerungen oder schreiben Sie sie sogar auf. Es kann aber sein, dass Sie dann nicht mehr nachkommen. Es reicht also aus, bewusst einen Tag lang oder nur eine Stunde darauf zu achten.

Sie werden dabei merken, dass diese logischen Schlussfolgerungen so schnell und selbstverständlich aufeinanderfolgen, dass es schwierig ist, sie zu erfassen.

Logik ist so vertraut, dass wir sie fast schon vergessen haben. Vergessen in dem Sinne, dass wir sie zwar tausendfach täglich benutzen, wir uns aber kaum bewusst sind, welchen Schatz wir in uns tragen. In diesem Kapitel wird es daher darum gehen, diesen Schatz wieder neu zu entdecken. Erstmals entdeckt hat ihn vor etwa 2300 Jahren der griechische Philosoph Aristoteles (384–322 v. Chr.). Mit der Logik hat er die Welt revolutioniert. Er hat sie untersucht und zu einer Wissenschaft entwickelt. Ja, die Logik ist auf der einen Seite eine echte Wissenschaft. Doch sie besitzt auch eine faszinierende andere Seite, die ich Ihnen nun näherbringen möchte.

Eine Anekdote zur Einstimmung

Schauen wir uns einen kleinen Witz an, der in seinem Inhalt nicht nur humorvoll ist, sondern Tiefe besitzt.

Die kleine Liesl kommt aus der Schule nach Hause und erzählt ihrer Mutter freudestrahlend: »Mama, ich habe heute gelernt, dass Gott ein Affe ist!«

»So ein Unsinn«, entrüstet sich die Mutter. »Wer hat dir denn diesen Blödsinn beigebracht? Mit dem Lehrer muss ich sofort reden.«

»Nein, Mama, das hat mir kein Lehrer beigebracht. Da bin ich selber draufgekommen«, sagt Liesl stolz. Denn man soll doch in der Schule lernen, selber zu denken und nicht nur nachzuplappern. »Letztes Jahr haben wir im Religionsunterricht gelernt, dass wir Menschen von Gott abstammen. Jetzt aber haben wir im Biologieunterricht gelernt, dass wir Menschen vom Affen abstammen. Dann muss doch Gott ein Affe sein!«

Logisch, nicht wahr? Wir können über den Witz lachen, aber wir kommen auch ins Grübeln, weil unsere Freundin, die Logik, uns bestätigt, dass Liesl richtig gedacht hat. Doch auch wenn sie richtig gedacht hat, das Ergebnis kann nicht stimmen. Gott kann kein Affe sein. Wo liegt also der Fehler?

Dieser Witz bringt uns zu einem wichtigen Kern des gesamten Buchs: Liesls Annahme stimmt und stimmt doch nicht. Hier stellt sich uns ein logisches Problem. Auch die Mutter ist in einer Zwickmühle, denn was soll sie ihrer Tochter nun sagen? Jetzt sind auch Sie gefordert. Was würden Sie an ihrer Stelle Ihrer Tochter sagen?

Wenn wir unserem Kind sagen: »Da liegst du falsch«, und wir ihm nicht erklären, warum das so ist, beginnt es an sich zu zweifeln und Glaubenssätze zu entwickeln wie »Ich bin dumm« oder »Ich kann nicht logisch denken.«

Das Kind denkt aber nicht falsch. Es zieht nur eine ganz logische Schlussfolgerung aus zwei Erkenntnissen:

1. Erkenntnis: Der Mensch stammt von Gott ab.
2. Erkenntnis: Der Mensch stammt vom Affen ab.

Schlussfolgerung: Gott muss ein Affe sein.

Wo soll der Denkfehler sein? »Nun«, sagt der Wissenschaftler, »die Religion kennt eben die Wahrheit nicht.« Das Kind geht nun aber auch in den Religionsunterricht. Dadurch entsteht der logische Konflikt, der auch ins Fühlen hineinwirkt und so Spannungen und Störungen bewirkt. Warum ist es aber ein Konflikt für uns?

In uns wohnt diese Kraft, der wir vertrauen und die uns mitteilt, was die Wahrheit ist: die Logik. Diese Kraft wirkt sofort in Ihnen und liefert ein Ergebnis: »Das ist doch logisch oder unlogisch!«

Da ist also eine Kraft in uns, ja schon eine Macht, und diese Macht ist unbestechlich. Sie zieht Schlussfolgerungen und wir vertrauen diesen Folgerungen. Wir *glauben*, *wissen*, *fühlen*, dass diese Schlussfolgerungen der Wahrheit entsprechen. Und diese Kraft und Macht begleitet uns schon unser Leben lang.

Jetzt können Sie sich die nächste brennende Frage stellen: Woher nimmt denn nun die Logik ihre Macht?

Übung

Versuchen Sie, sich in aller Stille Gedanken darüber zu machen, wie es möglich ist, dass eine solch unbestechliche Wahrheitskraft in uns wirkt. Wo kann sie herkommen? Achten Sie in Zukunft einmal darauf, wenn Ihnen etwas auffällt, das Ihnen unlogisch erscheint. Jemand sagt etwas, Sie lesen etwas oder hören etwas im Fernsehen, vielleicht bei einer politischen Rede. Plötzlich merken Sie ein Unbehagen und stellen fest, dass derjenige etwas Unlogisches gesagt hat. Das aber hat Ihr Geist in dem Moment registriert. Ganz automatisch, einem inneren Gesetz folgend, sagt eine Stimme in Ihnen: »Zuerst hat er das gesagt und dann genau das Gegenteil oder etwas, das dazu im Widerspruch steht.« Diese Stimme ist sofort in Ihnen da.

Das Mysterium der Logik steht nun in Verbindung mit der Frage, woher denn diese unbestechliche Stimme stammt.

Die zwei Seiten der Logik

Ich habe vorhin bereits erwähnt, dass die Logik eine Wissenschaft ist, aber auch eine zweite Seite besitzt. Diese haben wir bei der Auseinandersetzung mit dem Witz von Liesl kennengelernt: Die Logik ist auch eine Kraft, eine Macht in unserem Denken.

Die Logik ist also eine Wissenschaft *und* eine Kraft in unserem Denken. Logik ist eine Wissenschaft, die Sie studieren können. Jede Universität bietet das Fach im Rahmen des Philosophiestudiums an. Auch wenn Sie Mathematik und Informatik studieren, müssen Sie Logik lernen. Ja, und was studiert man denn da? Jetzt stoßen wir schon auf einen wesentlichen Teil unseres Rätsels.

Die Macht der Logik in uns lässt uns blitzschnell Schlussfolgerungen ziehen. Wir haben sie als eine Kraft in uns erkannt. Ihr Ursprung ist ebenso rätselhaft wie der des Atems, der uns so selbstverständlich ist wie die Logik. Beide sind eine Realität in unserem Leben. So wie wir ohne Atem nicht leben können, nicht körperlich gesund bleiben können, so können wir ohne die Logik in unserem Geist nicht geistig gesund bleiben.

Wissenschaft und persönliche Instanz

Die Logik als Wissenschaft ist das Studium der Logik als eine Kraft des Denkens in uns. Beachten Sie, dass ich von »einer« Kraft spreche, nicht von »der« Kraft. Denn sie ist nicht die einzige Kraft des Denkens in uns. Verstand und Vernunft haben wir ja auch als Kräfte kennengelernt.

> **Definition Logik**
>
> In der Logik studieren wir unser Denken, die Gesetze des Denkens. Wir studieren, wie wir richtig oder korrekt denken. Die Logik ist die »Wissenschaft vom richtigen Denken«. Sie ist einerseits die Wissenschaft davon, *wie* wir denken, andererseits *ist* die Logik das korrekte Denken selber.

Erkennen Sie das Merkwürdige, Spannende, Faszinierende an der Logik? Die Logik hat einen Januskopf mit zwei Gesichtern, die große Bedeutung für uns haben. Einerseits als Technik innerhalb der Wissenschaft, sogar als Fundament der gesamten

Wissenschaft: Ohne sie gäbe es keine Mathematik, keine Philosophie, keine Naturwissenschaft und keine Technik. Andererseits als eine Kraft des Denkens in uns.

Die drei Arten von Urteilen

Die Logik ist das Fundament der Naturwissenschaften. Doch was befähigt sie dazu?
Die Gegenstände der Logik sind Aussagen oder Urteile: »Die Erde ist rund.« Oder: »Ich bin verliebt.« Beachten Sie, dass man das in der Philosophie als Urteile bezeichnet. Es sind sogenannte »KOGNITIVE URTEILE«, Erkenntnisurteile, also Urteile des Denkens. Diese unterliegen dem Kriterium der Wahrheit, sind also richtig oder falsch. Und nun können Sie wiederum die universelle Dreiheit von Denken, Fühlen und Wollen erkennen:
Das Denkurteil müssen wir ganz klar unterscheiden von dem ÄSTHETISCHEN URTEIL oder dem EMOTIONALEN URTEIL. Diese stammen aus dem Fühlen: »Das ist hässlich.« Oder: »Das ist schön.« Während die Urteile des Denkens mit universeller Wahrheit zu tun haben, sind die ästhetischen und emotionalen Urteile persönlicher Natur. Das vermischen wir leider im Alltag allzu oft. Wie oft haben Sie schon den Satz »Du sollst nicht urteilen« gehört. Das ist durchaus richtig, wenn es um unsere persönlichen Gefühle geht. Denn unsere persönlichen Gefühle von Sympathie und Antipathie sagen uns ja nur etwas über uns selbst, aber nichts über den anderen. »Du sollst nicht urteilen« ist jedoch falsch, wenn es um Wahrheiten im Bereich des Denkens geht. Gerade hier ist es wichtig und richtig, dass wir Urteile fällen. Denn wir müssen Tausende Male am Tag Entscheidungen auf Basis von Erkenntnisurteilen, also kognitiven Urteilen, treffen. Wenn wir rein instinktiv handeln, dann erfolgt ein solches Urteil völlig unbewusst.

Neben den kognitiven und emotionalen Urteilen gibt es noch MORALISCHE URTEILE, wie beispielsweise »Das war ein böses Wort, das du gesagt hast.« Oder: »Das war eine gute Tat.« Sie betreffen den Willen, die Handlungen und hier geht es um Gut und Böse.

Kräfte	**Denken**	**Fühlen**	**Wollen**
Denken	*kognitives/ Erkenntnis-Urteil (richtig/ falsch)*	gemischt Glaubenssätze	gemischt
Fühlen	gemischt (Glaubens-sätze)	*emotionales/ ästhetisches Urteil (schön/ hässlich)*	gemischt
Wollen	gemischt	gemischt	*moralisches/ ethisches Urteil (gut/böse)*

Unsere drei Urteilsmöglichkeiten

Es gibt drei Arten von reinen Urteilen, alle anderen sind gemischt. Unsere emotionalen Urteile bilden für uns die größte Herausforderung, weil sie mit unserem Wohlbefinden zu tun haben, aber nichts mit der Wahrheit, die darübersteht. Durch emotionale Urteile entstehen die meisten unserer Probleme. Die moralischen Urteile sind am schwersten zu erfassen, denn wir müssen bei Gut und Böse alle persönlichen Emotionen herauslassen und benötigen trotzdem ein gesundes Gerechtigkeitsgefühl, das über unsere Person hinausgeht. Wir brauchen

aber auch eine neutrale Vorstellung im Denken über das, was gerecht ist. Erinnern wir uns daran, dass das moralische Urteil dem Wollen zugeordnet ist und dieses bei uns völlig unbewusst wirkt und uns erst über das Denken bewusst wird.
Das sind drei wirklich grundverschiedene Urteile. Erkennen Sie den Unterschied? Und sehen Sie, wie klar die Unterscheidung ist, wenn wir die drei Kräfte gut kennen? Wie selten jedoch machen wir uns diese Unterschiede im Alltag bewusst.

Übung

Achten Sie im Alltag darauf, sowohl bei sich selbst als auch bei anderen, wo diese drei Ebenen des Urteilens zu erkennen sind. Finden Sie für jede Ebene ein konkretes Urteil, das Sie getroffen haben. Damit schulen Sie automatisch Ihre Selbstbeobachtung und aktivieren Ihren König. Achten Sie vor allem auf Ihre emotionalen Urteile und betrachten Sie, welche Schwierigkeiten sich daraus ergeben haben oder ergeben können.

Je mehr Sie bewusst zwischen den drei Urteilsebenen unterscheiden, desto mehr wird Ihr König zum Herrscher. Das ist eine der ganz großen Lernaufgaben von uns Menschen. Wir haben niemals eine Chance, unsere Glaubenssätze wirklich zu meistern, wenn wir nicht lernen, diese drei Ebenen und Kräfte zu unterscheiden.
Sie können die gewonnene Erkenntnis auch im therapeutischen Bereich einsetzen. Belastungen im Nervensystem gleichen wir durch Gedanken der Wahrheit aus. Belastungen im Bereich der Gefühle gleichen wir durch schöne Künste, Na-

tur und Ästhetik, durch wertvolle Gefühle, Ehrlichkeit, Wahrheitsstreben, Dankbarkeit aus. Belastungen im Stoffwechselsystem können durch gute, soziale und vor allem sinnvolle Handlungen ausgeglichen werden.
Kommen wir nun zu den Gesetzen der Logik selber.

Die Gesetzmäßigkeiten der Logik

Schauen wir uns am Beispiel des folgenden Glaubenssatzes genau an, wie dieser unter Einsatz der Logik in uns entstehen kann.
»Ich bin als Kind nur dann liebevoll behandelt worden, wenn ich lieb war. Ich musste mir Liebe erkaufen. Also weiß ich, dass die Welt so ist, dass man immer lieb und brav sein muss, um Liebe zu bekommen. Und so halte ich es auch mit meinem Partner. Ich bin immer lieb zu ihm, damit ich seine Liebe bekomme und nicht verliere.«
Logik ist die Wissenschaft von den korrekten Aussagen. Diese entstehen durch unsere Schlussfolgerungen. Unsere Liesl hat in dem Witz genau solch eine Schlussfolgerung gemacht.
Wie Aussagen können aber auch Schlussfolgerungen wahr oder falsch sein. Es ist wichtig zu wissen, dass wir auf beides achten müssen.
In der Mathematik, der Algebra, kennen wir die vier Grundrechenarten mit ihren Operatoren +, -, *, /. Mit diesen Rechenarten können wir nun alle Zahlen miteinander in Verbindung bringen. In der Logik haben wir drei Operatoren, mit denen wir Aussagen verknüpfen, wie wir das tagtäglich auch in unserem Denken tun: »UND«, »ODER« und »NICHT«.
»WENN ich mich schick mache UND WENN ich auf seine Bedürfnisse eingehe, DANN bekomme ich diesen Mann.«
»WEIL ich nur schlechte Erfahrungen mit Männern gemacht habe UND WEIL alle Männer gleich sind, DESHALB werde ich keine Beziehung mehr eingehen.«

Solche und unendlich viele andere Schlussfolgerungen treffen wir andauernd. Beim zweiten Beispielsatz sehen wir eine wichtige Aussage, die wir als Glaubenssatz erkennen: »Alle Männer sind gleich.« Genau diese Art von Glaubenssätzen und die Schlussfolgerungen daraus bereiten uns Probleme. Deshalb müssen wir die Logik genau verstehen.

Verknüpfungen und Ableitungen

Wir verknüpfen normalerweise eine ganze Reihe von Aussagen miteinander. Das ergibt dann eine ganze Kette von Schlussfolgerungen. Eine solche Schlussfolgerungskette nennt man in der Logik »Ableitung«. Am Anfang einer solchen Kette stehen immer die »Voraussetzungen«.

Aus mehreren solcher Voraussetzungen oder Annahmen am Anfang ergeben sich aus vielen Verknüpfungen ein Abschluss, die Behauptung oder die »Schlussaussage«.

Dazu ein einfaches Beispiel, um das ganz systematisch zu betrachten und zu erkennen, wie unser Geist arbeitet:

»WENN es draußen regnet UND ich nach draußen gehe, DANN werden meine Haare nass.«

Hier haben wir das typische Beispiel einer Verknüpfung, bei der zwei Voraussetzungen zutreffen müssen.

Bei etwas Nachdenken werden Sie bemerken, dass Ihre Freundin, die Logik, aufschreit. Sie werden denken: »Das ist nicht richtig. Ich kann ja einen Regenschirm dabeihaben.« Die Behauptung *kann* wahr sein, aber sie *muss* es nicht. Wir haben eine Voraussetzung vergessen, damit die Aussage wahr sein *muss*. Wenn wir aber nur eine Voraussetzung in einer solchen Schlussfolgerungskette vergessen, fällt diese wie ein Kartenhaus in sich zusammen.

Also sagen wir: »WENN es draußen regnet UND ich nach draußen gehe UND ich keinen Kopfschutz habe, DANN werden meine Haare nass.«

Manche sehen das als Haarspalterei. Das ist es aber nicht. Es ist die Realität des korrekten Denkens und die Realität der Welt. Und die Logik spiegelt uns eben diese Realität gnadenlos wider. Darin besteht ihre Macht, und diese Macht wirkt in Ihnen und erschafft auch gnadenlos aus falschen Glaubenssätzen weitere falsche Gedanken in Ihrem Weltbild. Daher muss uns bewusst sein, welche Kraft in uns wirkt, wenn wir ganz bewusst unsere Glaubenssätze meistern wollen.

Stimmt nun die Behauptung? Vielleicht meldet sich die Logik nach kurzem Nachdenken erneut in Ihnen. Bei komplexeren Sachverhalten müssen wir unserem Geist einfach die notwendige Zeit zum Abwägen geben. Was fehlt der Behauptung noch als korrekte Voraussetzung? Vielleicht haben Sie auch schon daran gedacht – man kann ja eine Glatze haben:

»WENN es draußen regnet UND ich nach draußen gehe UND ich keinen Kopfschutz habe UND ich Haare auf dem Kopf habe, DANN werden meine Haare nass.«

Sie sehen, dass aus zwei Voraussetzungen schon vier geworden sind. Sie können dieses Beispiel übrigens noch vertiefen. Es kann nämlich sein, dass Sie noch mehr finden. Es ist eine gute Übung.

Diese Schlussfolgerung nennt man eine »Schlussfolgerung der ersten Art«. Sie geht von Voraussetzungen zu Ergebnissen. Es geht aber auch anders herum:

»WENN ich nach draußen gehe UND meine Haare nass werden, DANN regnet es draußen.«

Man nennt das »Schlussfolgerung der Zweiten Art« oder Umkehrschluss. Diese konkrete Schlussfolgerung ist natürlich auch nicht korrekt. Es kann zum Beispiel gerade jemand seine Blumen auf dem Balkon gießen und das Wasser tropft von oben auf Ihre Haare.

Vielfältige Fehlerquellen

Die Schlussfolgerung der zweiten Art geht von den Ergebnissen aus und sucht die Voraussetzungen. Auch bei diesem Beispiel erkennen wir schnell einen Denkfehler. Bei komplexeren Systemen und Abläufen übersehen wir aber oft solche Fehler. Nun können wir an diesem Beispiel verstehen, warum nicht nur Aussagen falsch sein können, sondern auch Schlussfolgerungen. Hier wurde eine falsche Schlussfolgerung gezogen. Ein Umkehrschluss kann zwar auch richtig sein, aber eben nur, wenn wiederum die Voraussetzungen stimmen. Eine logische Kette, eine Ableitung, ist als Ganzes daher nur dann korrekt, wenn zwei Bedingungen erfüllt sind:

1. Die Voraussetzungen müssen zutreffen, also wahr sein.
2. Die Schlussfolgerungen müssen korrekt sein, das heißt den Gesetzen der Logik folgen.

Ebenso wie man bei Zahlen richtig rechnen muss, muss man in der Logik mit Aussagen richtig »rechnen«, sie also richtig verknüpfen. Sonst funktioniert die ganze Schlussfolgerungskette nicht.

Verhängnisvolle Ableitungen

In unserem Beispiel im Kapitel »Geheimnis Wahrheit« mit der Tochter, die von der Mutter zum Liebsein aufgefordert wird, erkennen wir mehrere Glaubenssätze. Der wesentliche lautet: »Ich muss lieb sein, um Liebe zu bekommen.«
Jetzt erkennen wir, welche große Rolle die Logik im Aufbau unserer Glaubenssätze und unseres gesamten Weltbilds spielt: Aus einer reellen Erfahrung zog das Mädchen eine innere Schlussfolgerung. Als Frau verhält sie sich später ständig lieb

und brav, um die Liebe von Männern zu bekommen. Das ist zum Scheitern verurteilt. Die Frau bezieht sich nicht nur darauf, dass die Welt so ist, sondern auch, dass sie selbst so sein muss. Aber was ist der eigentliche Denkfehler, und was ist der Mechanismus dahinter, der zu falschen Glaubenssätzen führt, um die es uns doch geht?

Am Anfang der Aussage stehen drei richtige Aussagen: *Ich bin als Kind nur dann liebevoll behandelt worden, wenn ich lieb war. Ich musste mir Liebe erkaufen. Ich musste immer lieb und brav sein, damit ich von den Eltern geliebt wurde.*

Das war es, was die Frau in der Kindheit erlebt hat. Allerdings schleicht sich hier bereits der erste Fehler ein. Die Frau schafft sich aus ihren Erfahrungen ihren Begriff von Liebe. Hier haben wir das typische Beispiel eines falschen Begriffs aus dem Kapitel »Die Dinge beim richtigen Namen nennen«. Ihr Begriff und die Wirklichkeit der Liebe stimmen nicht überein, wodurch ihre Probleme entstehen. Das, was sie sich erkauft hat, war keine Liebe, sondern das Gegenteil: das Fordern von Liebe. Die Mutter konnte nicht geben, sondern forderte.

Logik funktioniert nur korrekt, wenn auch die Begriffe klar sind, denn diese stellen die Voraussetzungen und Aussagen der Schlussfolgerungskette dar. Oft haben wir es jedoch mit reinen Glaubenssätzen zu tun, denn korrekterweise dürften wir nicht sagen: »Die Liebe ist …«, sondern müssten einschränken: »Ich glaube, die Liebe ist …«.

So wirkt Logik in uns

Der Grund, warum unser Unterbewusstsein ständig in Kollisionen gerät, ist unsere Logik, die gnadenlos korrekt wirkt und aus unseren Voraussetzungen korrekte Schlussfolgerungen zieht. Aber wenn die Begriffe nicht korrekt sind, treten automatisch Konflikte auf, die ein Gefühl der Unstimmigkeit hinterlassen. Da sich Gefühle direkt auf den Körper auswirken, fühlen wir uns unwohl. Wenn jedoch etwas wahr ist, wird es von unserer Logik erkannt, und unser Herz begleitet das mit dem Wahrheitsgefühl, das uns die Sache als stimmig empfinden lässt. Es fühlt sich gut an. Unsere innere Stimme sagt Ja.

In unserem Beispiel erlebt die Frau diese Unstimmigkeiten ständig in ihrem Unterbewusstsein. Sie wird nie wirklich glücklich sein, und die inneren Konflikte wirken sich auch negativ auf ihren Körper aus, der irgendwann mit einer Krankheit darauf reagiert.

Der Fehler, der sich in ihrem Denken eingeschlichen hat, ist der falsche Glaubenssatz über die Liebe, der falsche Begriff. Die Frau *glaubt*, dass das, was sie von ihren Eltern erfahren hat, Liebe ist. Dabei war es das Gegenteil. Auch die Schlussfolgerung »Weil meine Eltern so sind, ist die ganze Welt so«, ist falsch. Er ist in der Gesetzmäßigkeit der Logik nicht erlaubt bzw. ist ein falscher Schluss.

Sie sehen, dass die Frau in ihrer logischen Schlussfolgerung zwei Fehler gemacht hat. Diese sind jedoch in der Kindheit entstanden, weil ein Kind noch nicht logisch reflektieren kann. Als Erwachsene müssen wir diese Fehler aufdecken, und die Logik hat hierbei eine zentrale Bedeutung.

Alles hängt zusammen

Unser Gedankengebäude, unser Weltbild, ist wie ein engmaschiges Netzwerk. Die Knoten darin sind die Begriffe und die Fäden, die sie verbinden, sind unsere Schlussfolgerungen. So bauen wir mit der Logik unser Weltbild mit unseren Glaubenssätzen zusammen. Wir schustern es, wir schmieden es, wir weben es. Welches Bild Sie auch immer verwenden wollen, Sie können sich dabei eine Aktivität in Ihrem Geist vorstellen, mit der Sie Ihr persönliches Weltbild gestalten.

Übung
Versuchen Sie, sich in aller Stille ein inneres Bild auszumalen, was da in Ihrem Inneren beständig geschieht. Finden Sie für sich ein stimmiges Bild, sei es als Weber, Schmied, Schuster oder Architekt. Es geht darum, ein lebendiges Gefühl dafür zu bekommen, dass in uns ein lebendiges Vernetzen stattfindet.

Wir können hier auch wunderbar den Vergleich mit dem Internet heranziehen. Wir wissen, dass überall in der Welt Milliarden von Personen ihre eigenen Computer und ihre eigene Webseite haben. Was machen wir, wenn wir uns verlinken? Wir stellen mit unserem Computer eine reale Verbindung zu einer Stelle im Internet-Universum her und speichern diesen Link in unserem Rechner ab. Wir »verknüpfen« uns und mit der Zeit entsteht ein ganz persönliches »Gewebe«, das wir geknüpft haben. Bei sozialen Netzwerken ist das noch deutlicher. Da knüpfen wir soziale Beziehungen und bauen mit der Zeit ein Netzwerk auf.
Nun wissen wir, dass unser Gehirn ebenfalls ein Netzwerk ist. Die Knoten sind die Nervenzellen und die Verbindungen sind die Nervenleitungen. Wenn wir lernen und Erfahrungen machen, stellt unser Gehirn beständig neue Nervenzellen und Nervenbahnen her. Noch vor einigen Jahren herrschte die Meinung, dass das Netzwerk des Gehirns in der Kindheit fest programmiert wird. Heute weiß man, dass wir jeden Tag sehr viele Nervenzellen neu produzieren.
Diese Revolution auf dem Gebiet der Neuromedizin zeigt zudem, wie schnell sich grundlegende Glaubenssätze in der Wissenschaft ändern.

Stellen Sie sich nun Folgendes vor: So wie es all die Millionen von Webseiten gibt, so gibt es in der geistigen Sphäre unendlich viele »geistige Webseiten«. Es sind die realen Ideen, wie sie die alten Philosophen beschreiben. Wenn Sie nun etwas neu lernen, zum Beispiel einen Begriff wie »Pflanze«, »Tier« oder »Planet«, so stellen Sie damit eine Verbindung mit Ihrem Geist und Ihrem Gehirn her und verlinken sich mit dieser Idee. Sie speichern diese Verknüpfung ab und nennen das Erinnerung und den Speicher dafür Gedächtnis. Sie sind somit mit dem geistigen Kosmos und seinen Ideen verbunden wie in einem kosmischen Internet. Ihr Weltbild ist Ihr persönliches Netzwerk an Ideen und Verknüpfungen, das Sie sich erstellt haben. Jeden Tag erweitern Sie Ihr Netzwerk, und je mehr Sie lernen, desto größer wird es, desto mehr wissen Sie. So weben Sie Ihr eigenes, ganz persönliches Weltbild und Ihr Gehirn macht Ihnen Ihr Weltbild bewusst. Es ist wie ein Spiegel, in dem Sie sich Ihr Weltbild anschauen können. Das ist seine wunderbare Funktion.

Das tiefe Mysterium der Logik

Damit kommen wir zum eigentlichen Mysterium der Logik und der gewaltigen Kraft der Logik in Ihnen.
Aus der Naturwissenschaft kennen wir die NATURGESETZE, die aus Sicht der Physik den materiellen Kosmos regieren. Über all diesen Naturgesetzen steht aber eines, das der Naturwissenschaftler als fundamentales Gesetz anerkennt: das Gesetz der Kausalität.

> Das Gesetz der Kausalität stellt das universelle Gesetz des Kosmos dar. Es ist das Gesetz von Ursache und Wirkung.

Für eine Wirkung muss es einen oder mehrere Ursachen geben. Jetzt sind Sie schon geschult und können nach der Lektüre des vorhergehenden Kapitels über die Begriffe fragen: »Was ist denn ein Gesetz?« Da werden wir keine einfache oder klare Antwort bekommen, schon gar nicht von den Naturwissenschaftlern. In dem Gesetz der Kausalität kommt aber das Wesen eines Gesetzes klar zum Ausdruck:

> Wenn dies und das erfüllt ist, dann wird dies und das geschehen.
> *Wenn* die Sonne aufgeht, *dann* wird es heller und wärmer.

Wenn du deine Hand auf die heiße Herdplatte legst, dann wirst du dich verbrennen. Wenn du Salpeter, Schwefel und Holzkohle in einem Verhältnis von 70:10:20 mischst, dann bekommst du Schießpulver, das explosiv wirkt. Das ist aber nichts anderes als das Gesetz von »Wenn ..., dann ...«.
Damit haben wir uns aber doch gerade die ganze Zeit über befasst. Das entspricht doch der Schlussfolgerungskette, die der Logik folgt.

> Universelles Gesetz der Logik / Gesetz der Schlussfolgerung:
> Wenn ..., dann...

Jetzt können wir ein großes Mysterium lösen. Draußen im Kosmos wirkt ein universelles Gesetz der Kausalität, das alle anderen Gesetze regiert. In uns wirkt ein universelles Gesetz der Logik, das genauso funktioniert. Hier handelt es sich um dasselbe Gesetz, und das ist der Grund, warum die Logik in uns funktioniert, warum unsere Technik funktioniert: Weil unsere innere Logik die wesensgleichen äußeren Gesetze erkennt. Die Logik muss daher ihre Richtigkeit haben und es gilt:

> Das universelle Gesetz des Kosmos spiegelt sich in unserem Geist wider als universelles Gesetz der Logik.

Das ist das Mysterium der Logik. Das ist die innere Stimme, von der wir vorher sprachen. Darum liegt die Macht der Logik in Ihnen. Wir alle tragen dieses universelle Gesetz und diese universelle Kraft in uns. In dem kosmischen Gewebe müssen auch die Naturgesetze der Physik beinhaltet sein, und in unserem logischen Schlussfolgern bilden wir diese Naturgesetze in unserem eigenen Netzwerk des Denkens nach. Daraus entstehen Mathematik, Physik und Technik. Die Gesetze der Logik müssen also den grundlegenden Gesetzen des Universums entsprechen. Das ist der Grund, warum wir überhaupt Wissenschaft betreiben und Sie und wir alle mit einer hundertprozentigen Sicherheit die Wahrheit denken können.

Eine allwirkende Funktionsweise

So wie sich in der Natur eine Wirkung zwingend aus einer oder mehreren Ursachen ergibt, so ergibt sich in uns aus den Voraussetzungen zwingend die logische und richtige Schlussfolgerung. Und wenn eine Ursache nicht gegeben ist, so kann auch die Wirkung nicht eintreten, ebenso wie eine fehlende Voraussetzung dazu führt, dass die Schlussfolgerung nicht gezogen werden kann.

Erkennen Sie nun den Mechanismus der universellen Wahrheit in Ihnen? Mit ihm können Sie Ihre falschen Glaubenssätze herausfinden und ganz auf sich selber vertrauen. Warum? Weil

Sie diese Kraft der Wahrheitsfindung, diesen Geist der Wahrheit in sich tragen!
Dieses Kapitel stellt ein Kernstück des gesamten Buchs dar. Jetzt sind wir ganz bei uns und gleichzeitig beim Wesen des Universums angekommen. Wir können erahnen, begreifen und mit Sicherheit erkennen, dass wir ein kosmisches Wesen sind, weil in uns eine universelle Kraft wirkt. Niemand anderes als Sie selbst ist besser dazu befähigt, dies zu prüfen und zu bestätigen. Wer außer dieser kosmischen Kraft in Ihnen kann Ihnen die Sicherheit geben? Wen gibt es, der kompetenter ist als Sie selber? Ich kann Ihnen sagen, dass es niemanden gibt, keinen religiösen Führer und keinen noch so berühmten Wissenschaftler. Denn keiner von all jenen steht über der Kraft, die in Ihnen liegt und die Sie schon immer benutzen – und mit deren bewusster Anwendung Sie entscheidend weiterkommen bei Ihrer Arbeit an den Glaubenssätzen.

Übung

Halten Sie einen Moment inne. Sie können die Erkenntnisse zur Logik noch einmal reflektieren, sie durchdenken, in persönliche Gedanken fassen und sich den Wert dieses unbestechlichen Wahrheitsinstrumentes bewusst machen.
Wenn Sie zum Beispiel das Verhalten eines Menschen ärgert, dann wissen Sie jetzt, dass dies zunächst Ihr eigener Ärger ist. Es ist Ihr Gefühl. Sie treffen ein emotionales Urteil. Wenn Sie sich das bewusst machen – Ihren König einschalten –, dann sagt Ihnen Ihre Logik, dass dies so ist und dass das zunächst nichts mit der anderen Person zu tun hat. Sie können sich nun folgende zwei Fragen stellen:

Warum berührt mich das? Und: Warum verhält sich der andere so? Bei der ersten Frage erforschen Sie sich selbst, mit der zweiten Ihr Gegenüber. Sie wissen, dass logischerweise hinter dem Verhalten dieser Person eine Ursache stecken muss, so, wie es eine Ursache hinter Ihrem Ärger gibt. Wenn Sie sich nun für den anderen interessieren, nachfragen, forschen, dann werden Sie beispielsweise herausfinden, dass diese Person eine schreckliche Kindheit gehabt hat. Plötzlich sehen Sie das Verhalten in einem anderen Licht. Der Logik folgend verstehen Sie nun das Verhalten der Person und können voraussehen, wie sie eventuell in ähnlichen Situationen reagieren wird. Haben Sie einmal die Ursache erkannt und damit Verständnis gewonnen, liefert Ihnen Ihre Logik die richtigen Ergebnisse. Auf dieselbe Weise können Sie nun Ihren eigenen Ärger erforschen.

Dieses Kernstück des Buchs weist noch tiefer. Es zeigt Ihnen nämlich Ihre ganz konkrete Verbundenheit mit dem Kosmos. Es zeigt Ihnen auch, dass Ihr inneres Königreich mit Ihrem persönlichen Weltbild letztlich zu einem Abbild des gesamten Universums werden kann. Zunächst sind noch einige Teile falsch und andere richtig. Letztlich steht Ihnen aber das gesamte Universum zur Verfügung.

Logos als Urgrund

Im Neuen Testament des Christentums beginnt das Johannes-Evangelium mit dem Satz: »*Im Anfang war das Wort.*« Was soll das bedeuten? Im griechischen Originaltext steht das

Wort »Logos«. Also heißt es sinngemäß: »Im Anfang war der Logos«. Daraus ist das Wort »Logik« abgeleitet. Was verstanden also die weisen Griechen, die Philosophen unter Logos? Der Logos ist der schöpferische Weltengeist, der die Dinge ordnet, ihnen Struktur und Gesetzmäßigkeit verleiht. Im Neuen Testament steht also wissenschaftlich gesehen, dass es eine Kraft im Universum gibt, Logos genannt, welche nach Gesetzen schaffend und ordnend wirkt. Es steht dort also das, was wir uns bisher erarbeitet haben. Und es handelt sich hier nicht um Religion, sondern um Wissenschaft. Erkennen Sie, welche Einsichten Ihnen dieses Wissen ermöglicht?

In uns allen, in Ihnen und in mir und auch in der Logik wirkt also der Logos. Das ist das Ergebnis unserer Untersuchungen. Das ist das Geheimnis der Macht der Logik, ihr Mysterium. Und es steht im Zentrum der Arbeit mit unseren Glaubenssätzen. Nun besteht wieder die Gelegenheit, die gewonnene Erkenntnis ausführlich zu reflektieren.

Übung

Machen Sie sich in aller Stille bewusst, was die gewonnenen Erkenntnisse für Sie bedeuten und was Sie dabei fühlen. Geben Sie sich Zeit, diese Einsichten zu verarbeiten. Denken Sie nach, fragen Sie, prüfen Sie. Fühlen Sie, was Ihr Herz, Ihr Wahrheitsgefühl sagt. Zweifeln Sie und seien Sie kritisch, klären dann aber für sich die Zweifel. Diese Erkenntnis ist zu bedeutsam, als dass Sie sie einfach nur so lesen und übernehmen sollten. Machen Sie sich bewusst, was das wirklich für Ihr Leben bedeutet.

Damit hätten wir dieses bedeutsame Thema geschafft und das nächste mächtige Werkzeug in uns genauer kennengelernt. Die Kraft der Logik wirkt beständig in uns, und mit ihr erschaffen wir unser Weltbild. Jetzt können wir an das Geheimnis herangehen, warum ein einziger Glaubenssatz unser ganzes Leben verändern kann.

Bauchgefühl, Wahrheitsgefühl und Intuition

»Wenn jemand nur aus seinem Herz und Bauch heraus entscheidet, dann ist er kopflos.«

Sprichwort

Ich will noch einmal zur Logik und zur Wahrheit zurückkommen, um Ihnen Gelegenheit zu geben, weitere Glaubenssätze aufzulösen. Wenn uns Gedanken signalisieren, dass etwas unlogisch ist, so ist das immer mit einem Gefühl gekoppelt.

Übung

Achten Sie beim Lesen dieses Buches, besonders wenn Sie die Übung aus dem vorhergehenden Kapitel machen und Ihnen dabei eine logische Schlussfolgerung bewusst wird oder Ihnen ein logischer Fehler bei jemandem auffällt, was für ein Gefühl Sie dabei empfinden. Achten Sie darauf, ob Sie ein gutes oder ein ungutes Gefühl in sich verspüren.

Diese Übung ist sehr wichtig, denn sie öffnet uns den bewussten Zugang zu einem ganz speziellen Gefühl in uns, das entscheidend ist für die Arbeit an unseren Glaubenssätzen. Es ist nicht für jeden einfach, dieses Gefühl wahrzunehmen. Umso wichtiger ist diese Übung. Denn hier zeigt sich, was ich über das Träumen und das Fühlen im Kapitel über das Fühlen dargelegt habe: Unsere Gefühle sind nicht einfach klar zu erfassen. Es ist wie ein Träumen und ich muss diesen Traum erst in mein klares Bewusstsein, in die Sphäre des Denkens heben.

Dieses Gefühl teilt uns mit, dass das, was die Logik uns liefert, richtig ist. Oder es teilt uns bei unlogischen Aussagen mit, dass etwas nicht stimmt. Es fühlt sich unstimmig an. Gerade die so wichtige Schulung hilft uns dabei, zwischen zwei verschiedenen Gefühlen zu unterscheiden. Hier sind wir beim Thema des Bauchgefühls angelangt.
Wenn wir etwas Negatives über uns hören, auch wenn es sich um eine Wahrheit handelt, wirkt sofort ein Mechanismus der Abwehr in uns. Kennen Sie das? Hören Sie Kritik gerne? Wir gehen in Verteidigungshaltung. Hier wirkt die Kraft der Antipathie. Das über uns Gesagte tut uns nicht gut, also lehnen wir es ab. Das geschieht blitzschnell. Dahinter steht natürlich ein Glaubenssatz. Welcher? Dieser kann zum Beispiel lauten: »Solche Kritik schadet meinem Selbstwertgefühl und daher mir.« Dahinter wiederum kann eine Erfahrung stehen, dass wir als Kind von den Eltern ständig kritisiert worden sind, was uns nachhaltig emotional verletzt hat. Wir haben innerlich dichtgemacht und uns gegen Kritik abgeschottet. Dabei ist auch ein echter Glaubenssatz entstanden: »Ich habe ein schwaches Selbstwertgefühl« oder meistens: »Ich bin wenig wert«.

Vorsicht bei gefühlsgeladenen Überzeugungen

Dieser Glaubenssatz ist kein abstrakter Gedanke, sondern mit einem kräftigen Gefühl verbunden, das an den Gedanken gekoppelt ist. Wenn das Gefühl wachgerufen wird, schaltet sich sofort die Antipathie und damit die Abwehr ein. In unserem Denken taucht dann der Gedanke auf: »Der hat unrecht!« Und dieser Gedanke ist nun mit einem Gefühl der »Unstimmigkeit« verbunden. Hier handelt es sich aber gerade nicht um das Gefühl, das mit der Logik verbunden ist, was so oft verwechselt wird. Diese Art von Gefühlen entsteht aus unserer Sympathie und Antipathie. Diese sind aber persönlicher Natur und eben nicht universeller Natur wie die Wahrheit, werden aber mit der Wahrheit verwechselt.

Weil uns etwas angenehm ist, glauben wir, das sei die Wahrheit. Es fühlt sich aber nur stimmig an, weil wir es stimmig haben wollen, weil es uns sympathisch ist. Oder es fühlt sich unstimmig an, weil es uns unsympathisch ist. Diese Tatsache wird übrigens geschickt von allen Manipulatoren ausgenutzt. Sie erzählen genau das, was die anderen hören möchten.

Unsere innere Abwehr soll in erster Linie unser Weltbild schützen, das eine so große Bedeutung für uns hat. Instinktiv schützen wir es und glauben, dass es insgesamt richtig sei. Das ist wohl der mächtigste Glaubenssatz in uns: »Mein Weltbild ist richtig.« Das ist der Grund für unsere unbewusste Abwehrhaltung gegen jegliche Veränderung, vor allem gegen wesentliche und wichtige Veränderungen. Erkennen Sie die Macht Ihres Weltbildes?

Trügerisches Bauchgefühl

Diese Stimmigkeit oder Unstimmigkeit im Fühlen bezeichnen viele als Bauchgefühl und glauben, darauf vertrauen zu können. Sie nennen es auch oft Intuition. Beides ist jedoch nicht korrekt. Das Fühlen findet übrigens nicht im Bauch statt, sondern im Herzen. Der Bauch ist für den Instinkt, also den Willen zuständig. Die Intuition hingegen findet im Denken statt. Das will ich hier anmerken, weil es so wichtig ist.

Wie oft haben Menschen ihrem Bauchgefühl vertraut und sind dabei beispielsweise auf Heiratsschwindler hereingefallen. Dabei handelt es sich um nichts anderes als um das Gefühl der Sympathie, das einem guttut und dem man daher vertraut. Das ist die große Falle und hat mit dem Gefühl, das mit der Logik verbunden ist, nichts zu tun. Das zu wissen, zu erkennen und zu schulen ist von zentraler Bedeutung. Dafür benötigen wir aber wieder klare Begriffe.

Finden von idealen Ideen

Es gibt ein Gefühl in uns, das wir WAHRHEITSGEFÜHL nennen und das mit der Logik verbunden ist. Es ist von großer Bedeutung für uns. Doch zunächst machen wir einen kleinen Ausflug, um den anderen wichtigen Begriff zu verstehen: die Intuition. Ich habe im Kapitel über das Wahrnehmen dargelegt, dass das Wahrnehmen letztlich ein passiver Vorgang ist. Wir öffnen die Augen, richten unsere Aufmerksamkeit auf etwas und die Bilder fließen in unser Inneres. Es geschieht. Wir sind dabei passiv. Nun machen Sie folgende kleine, aber wichtige Übung.

Übung

Schließen Sie die Augen und denken Sie an ein ganz spezielles Thema. Vielleicht an Ihr Wohnzimmer. Gehen Sie es im Geiste durch und fragen Sie sich, was da vielleicht geändert werden müsste. Stellen Sie sich nur diese Frage. Sie können auch tatsächlich in Ihr Wohnzimmer gehen, sich diese Frage stellen und dabei das Wohnzimmer genau betrachten. Beobachten Sie, was dabei geschieht. Das ist übrigens gleichzeitig eine gute Übung, zwischen Denken und Ich-Bewusstsein hin und her zu schalten. Beobachten Sie, was da mit Ihren Gedanken geschieht, wenn Sie immer wieder aus der Betrachtung Ihres Denkens zur Frage, was in Ihrem Wohnzimmer geändert werden müsste, zurückkommen. Müssen Sie etwas tun, damit die Gedanken kommen? Ist es nicht so, dass Ihnen plötzlich die Idee kommt, dass unbedingt andere Farben in das Zimmer müssen oder eventuell andere Vorhänge?

Sie werden, wenn Sie sich auf diese Weise selber unbefangen beobachten, feststellen, dass die Gedanken in Ihnen und die damit einhergehenden Bilder und Vorstellungen ebenso in Ihren Geist hineinströmen wie die Bilder, die Sie über Ihre Augen wahrnehmen. Das läuft ebenso passiv ab. Und plötzlich kommt Ihnen auch noch die Idee mit den anderen Farben oder Vorhängen in den Sinn.
Wenn Sie dann Ihre Augen auf etwas anderes richten, nehmen Sie andere Bilder wahr. Wenn Sie Ihre gedankliche Aufmerksamkeit nun auf ein anderes Thema richten, tauchen andere Gedanken auf. Was schließen wir daraus? Denken ist ebenso eine Wahrnehmung wie das Sehen.

> Denken ist ganz offensichtlich ein Wahrnehmungsprozess.

Beim Denken nehmen wir Gedanken wahr oder besser »etwas«, das in uns Gedanken erzeugt, so wie in der Außenwelt Gegenstände über unsere Augen Bilder in uns erzeugen. Gedanken müssen logischerweise Abbilder von etwas sein, das wir mit der Denkkraft wahrnehmen. Über dieses »Etwas« streiten sich die Philosophen mit den Naturwissenschaftlern. Der alte Platon hat es als Ideen benannt und viele haben ihm recht gegeben. Ich will an dieser Stelle diese These aufnehmen und zunächst annehmen, dass es eine solche Welt der Ideen gibt, wir in dieser Welt mit unserem Denken wahrnehmen können und das Ergebnis unsere Gedanken sind.

> Mit unserem Denken nehmen wir Ideen wahr.

Wenn wir nun die »richtigen« Ideen finden, dann haben wir die Wahrheit gefunden. Und genau diesen Vorgang nennen wir Intuition.

> Intuition ist die Wahrnehmung der passenden, also wahren Ideen. Ihr Ergebnis sind unsere Intuitionen.

Ich gebe Ihnen diese fundamentale Erkenntnis, ohne sie beweisen zu können oder zu wollen. Sie haben unsere Pinnwände des Geistes (siehe Seite 28) und können damit umgehen. Prüfen Sie diese Erkenntnis und beurteilen Sie für sich, auf welche Pinnwand Sie diese gewagten, aber uralten Thesen zunächst pinnen. Vielleicht sehen Sie bereits, wie klar und wichtig diese Thesen für das Verstehen der Vorgänge in unserem Denken sein können.
Wenn wir nun in Verbindung mit unserer Logik eine Wahrheit erkennen, stellt sich dabei automatisch ein Gefühl ein, das uns bestätigt, dass es sich tatsächlich um eine Wahrheit handelt. Eine Intuition ist also ein Gedanke, aber begleitet von einem Gefühl der Stimmigkeit. Diese Stimmigkeit bezieht sich aber nicht auf eine persönliche Sympathie, sondern auf die Wahrheit. Wir können auch sagen, das Gefühl bezieht sich auf eine universelle Sympathie, die durch die Übereinstimmung zwischen der Wirklichkeit und unserem Weltbild entsteht.
Hier zeigt sich wieder, dass die Übereinstimmung, von der wir im Kapitel über die Wahrheit gesprochen haben, ganz offensichtlich tief in unserem Inneren als ein Prozess abläuft, der uns dieses Gefühl der Stimmigkeit liefert. Das Gefühl ist nicht die Intuition, sondern es begleitet unsere Intuition. Erkennen Sie den Unterschied? Die Intuition findet im Denken statt, wird aber durch ein Gefühl abgesichert. Daher hat auch das

Fühlen mit Wahrheit zu tun, selbst wenn es inhaltlich im Denken stattfindet. Das ist es, was wir so oft mit Bauchgefühl meinen und weshalb wir die Intuition als Gefühl betrachten.

Persönlicher Machtfaktor 5: Wissenschaft

»Wissenschaft ist Macht.«

Roger Bacon

»Wer Wissenschaft und Kunst besitzt, hat auch Religion. Wer jene nicht besitzt, der habe Religion.«

Johann Wolfgang von Goethe

In diesem Kapitel betrachten wir die Wissenschaft, die so bedeutsam für uns alle ist. Sie ist die effektivste Methode, um die richtigen Glaubenssätze zu finden, wobei Sie all Ihre Kräfte, die Sie kennengelernt haben, einsetzen können.
Doch was ist eigentlich Wissenschaft? Folgende weitere Fragen sind extrem wichtig für unsere Glaubenssätze und hängen mit der ersten zusammen:

> Wie kann ich die Wahrheit finden oder Aussagen anderer überprüfen?
> Wie kann ich die Wahrheit von Illusion und Irrtum unterscheiden?

Die Wissenschaft hat am Ende des Mittelalters begonnen, die Macht der Kirche durch die Stärkung des eigenen Denkens in Frage zu stellen. In den Religionen gibt es das Prinzip des Glaubens an eine Instanz außerhalb von uns. Die Wissenschaft hat dieses Prinzip durchbrochen und dafür ein neues in die Welt gebracht und verwirklicht:

> Mit der Wissenschaft ist eine Erkenntnisfähigkeit im Inneren des Menschen entstanden, die Eigenständigkeit im Denken.

Wissenschaft erhebt den Anspruch, dass wir selber denken, vor allem selber prüfen sollen. Ihr Siegeszug gibt der Wissenschaft recht, weil die aus ihr entwickelte Technik funktioniert. Anfangs setzte sich die Wissenschaft gegen die Behauptungen, die Erde sei eine Scheibe und die Sonne drehe sich um die Erde, durch. Die Widerlegung dieser beiden Glaubenssätze löste letztlich eine Revolution aus.
Diese Revolution der Wissenschaft hat weitreichende Folgen für jeden Einzelnen. Dank ihr müssen Sie nicht mehr äußeren Instanzen oder anderen Menschen glauben. Niemand kann Ihnen sagen bzw. vorschreiben, was für Sie richtig ist. Andererseits bedeutet dies, dass wir unsere Entscheidungen selber treffen müssen. In alten Zeiten sind die Menschen nicht nur ihren Göttern, sondern auch Heiligen, Meistern, Gurus oder Hohepriestern gefolgt, die in die Geheimnisse des Lebens eingeweiht waren. Die Menschen, die diese Geheimnisse noch nicht durchschauen konnten, waren von ihnen abhängig. Diese Abhängigkeit hat den Vorteil, dass man nicht selber entscheiden muss und daher auch weniger Last an Verantwortung trägt.

Selbst wissenschaftlich prüfen

In der Praxis zeigt sich immer wieder, dass viele Menschen diese Freiheit noch nicht wollen. Sie wollen in ihrem Denken immer noch geführt werden und keine Verantwortung tragen. Deshalb gibt es in den Religionen, aber auch in der modernen Esoterik so viele Menschen, die sich wünschen, dass Gott für

sie entscheidet oder ihr Schutzengel sie weiter an der Hand nimmt und sie durchs Leben führt.
Mit diesem Buch möchte ich Ihnen ins Bewusstsein bringen, dass diese Zeit der Unselbstständigkeit zu Ende geht. Der Siegeszug der Wissenschaft zeigt das und enthüllt die Erkenntnis:

> Wir besitzen die Fähigkeit, die Wahrheit selber zu denken, zu suchen, zu finden und vor allem zu prüfen.

Was aber genau ist nun Wissenschaft? Sehr oft wird Wissenschaft heute mit Naturwissenschaft gleichgesetzt. Das ist aber nicht korrekt. Wissenschaft selber ist zunächst eine Methodik. Sie ist das, was ihr Name sagt: Etwas, das Wissen schafft. Was ist nun dieses »Etwas«?

Die Basisprozesse

Viele Studien und Diskussionen sind zu dem folgenden Ergebnis gekommen, das wir mit unserer bisherigen Systematik sehr gut und schnell verstehen können.

> Wissenschaft besteht aus drei Schritten:
> 1. Die exakte Beobachtung.
> 2. Die exakte Logik mit Thesen- und Theoriebildung.
> 3. Das Experiment zur praktischen Bestätigung der These.

Ein Wissenschaftler muss zuerst einmal ganz exakt die Welt beobachten, zum Beispiel exakte Messungen machen. Schleichen sich bereits bei der Beobachtung Fehler ein, kann das Ergebnis nicht wissenschaftlich exakt sein.

Im persönlichen Leben sind wir übrigens alle Wissenschaftler. Wir bilden uns sofort eine These oder Theorie, warum die Nachbarin immer ihre Männer verliert, warum der Dollarkurs steigen oder fallen muss oder warum die Fußballmannschaft gar nicht gewinnen konnte. Wir gehen also täglich viele Male wie Wissenschaftler vor.

Übung

Beobachten Sie sich einmal während des Tages und achten Sie darauf, wie viele Thesen, also Erklärungen, Sie für Ereignisse bilden. Schreiben Sie sich das für einen Tag in Ihr Büchlein. Achten Sie dabei darauf, wie sehr Sie daran glauben, und vor allem, wie begründet Ihre Thesen sind.

Mit dieser Übung praktizieren Sie zugleich die ersten beiden Schritte der Wissenschaft – die Beobachtung und die Thesenbildung. Es ist gleichzeitig eine wertvolle Übung für unsere Selbsterkenntnis und nebenbei stoßen Sie eventuell auf einige Ihrer Glaubenssätze. Diese Übung lehrt Sie auch, mit Ihrem Urteil zu warten, bis es qualifiziert und gehaltvoll ist. Manchmal muss man mit einem Urteil Tage warten, manchmal Wochen, manchmal Jahre.

Drei wichtige Schritte

Der erste Schritt, die Beobachtung, betrifft unsere Wahrnehmung. Unsere Sinne sind unsere Messinstrumente. Der zweite Schritt betrifft unser Denken, die klare Begriffsbildung und Unterscheidung durch Verstand und Logik. Hierbei bilden wir Aussagen, Thesen und Theorien.

Der dritte und oft entscheidende Schritt ist das Experiment, die Überprüfung der These. Eine These muss auch mit der Realität übereinstimmen, erst dann haben wir die Wahrheit herausgefunden.
In der Naturwissenschaft ist das Instrument für die Überprüfung das physikalische Experiment. In der Mathematik und der Logik hingegen findet das Experiment direkt im Denken statt. Wir müssen unsere These, unsere Behauptung, logisch prüfen. Wenn wir das alles betrachten, erkennen wir, was Wissenschaft ist:

> Wissenschaft ist eine gesetzmäßige Methodik unseres Geistes.
> Diese Methode dient dazu, systematisch zweifelsfrei die Wahrheit zu finden und somit Wissen zu gewinnen.
> Mit der Methode der Wissenschaft erhebt sich der menschliche Geist über den Glauben, weil er die Wahrheit in sich selber und aus sich selber gewinnen kann.

Das Experiment ist eine Handlung und repräsentiert damit unseren Willen. Damit sind die Kräfte Wahrnehmen (Beobachtung), Denken (These) und Wollen (Experiment) in den drei Schritten der Wissenschaft erfasst. Was aber ist mit dem Fühlen? In der Naturwissenschaft wird das Gefühl ausgeschaltet. Es ist nicht erlaubt, nicht zugelassen, da man weiß, dass es individuell und daher für universelle Wahrheiten unzuverlässig ist. Das emotionale Urteil hat hier keinen Raum. Wir haben aber herausgefunden, dass wir ständig das neutrale Wahrheitsgefühl in der Logik einsetzen. Dies mag alle beruhigen, denen das Fühlen in der Wissenschaft abgeht.

Damit wird auch klar, dass Wissenschaft für jeden nachvollziehbar ist, weil jeder diese Kräfte in sich trägt. Ein Wissenschaftler hat vielleicht mehr Fachwissen als Sie. Hinsichtlich der inneren Fähigkeiten sind Sie ihm aber ebenbürtig.

Der Wissenschaftler in uns

Kommen wir damit zu der Frage, wie Sie die Wahrheit finden oder eine Aussage überprüfen können. Ihr innerer König kann Ihnen bereits die Antwort geben. Probieren Sie es aus.

> **Übung**
>
> Bitte denken Sie einmal darüber nach: Wenn Sie etwas auf seine Wahrheit hin überprüfen wollen, welche Instrumente, welche Werkzeuge Ihres Seins stehen Ihnen dafür zur Verfügung?
>
> Lassen Sie sich Zeit, das einmal ganz in Ruhe selber herauszufinden, bevor Sie weiterlesen. Sie können das bereits gewonnene Wissen und die Begriffe dazu verwenden.
>
> Diese Übung schult auch unser eigenständiges Denken, das so bedeutsam für unsere Freiheit im Denken und die Herrschaft über unsere Glaubenssätze ist.

Wir können einen Sachverhalt nur genau überprüfen, wenn wir das Fachwissen dazu haben. Unabhängig davon können wir aber jederzeit herausfinden, ob etwas nicht der Wahrheit entspricht – indem wir einen logischen Fehler aufdecken.

Als König stehen uns bei solchen Wahrheitsprüfungen unsere drei Fürsten mit all ihren Kräften zur Verfügung.

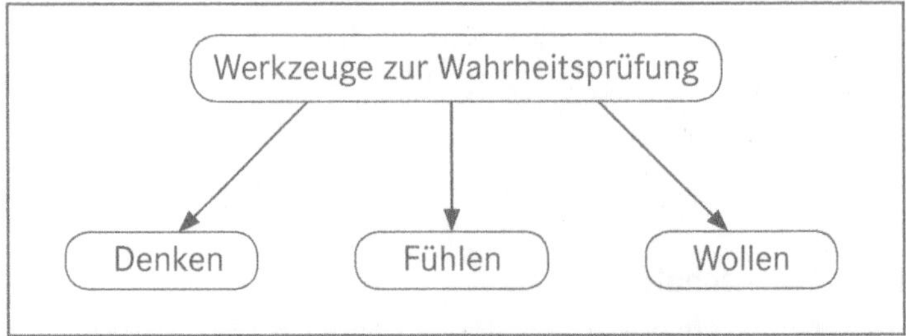

Unsere Werkzeuge zur Prüfung von Wahrheit

Wir haben unser Wahrheitsgefühl, wir haben unseren Willen, um mit einer Handlung etwas auszuprobieren. Wir haben aber vor allem das logische Denken als entscheidendes Werkzeug.

Werkzeuge, über die jeder verfügt

Sie haben in aller Kürze sehr viel über den Begriff der Wissenschaft erfahren und wissen jetzt, dass auch Sie jederzeit etwas wissenschaftlich überprüfen können. Sie verstehen nun, dass die Wissenschaft der derzeit einzige Weg ist, mit dem der Mensch aus sich selbst heraus die Wahrheit entdecken kann. Wenn Sie also einen Glaubenssatz überprüfen wollen, dann wissen Sie: Es geht nur mithilfe der Wissenschaft.

Mit dem Denken, der Wahrnehmungsfähigkeit, der Intuition und der Logik haben Sie die notwendigen Werkzeuge, um die Wahrheit zu finden. Davor aber muss unsere klare Beobachtung stehen, ein gesundes und intensives Wahrnehmen. Unsere ehrliche Selbstbeobachtung ist daher der notwendige erste Schritt zur Erkenntnis unserer Glaubenssätze. Bitte verinnerlichen Sie, welch machtvolles Instrument Sie mit der Methodik der Wissenschaft besitzen. Hier wird das Wirken des kosmischen Geistes in Ihrem Geist offenbar.

Ich glaube nur an das, was beweisbar ist

»Ich glaube übrigens, dass das gesamte Universum mitsamt allen unseren Erinnerungen, Theorien und Religionen vor 20 Minuten vom Gott Quitzlipochtli erschaffen wurde. Wer kann mir das Gegenteil beweisen?«

Bertrand Russell

Als König müssen Sie also wissenschaftlich vorgehen, auch wenn Ihnen das zunächst nicht munden sollte. Doch gerade hierin liegt Ihre Kraft und Macht. Ich hoffe, Sie haben durch das vorhergehende Kapitel erkannt, dass Sie ohnehin schon immer wissenschaftlich agieren.

Klären wir nun den Begriff BEWEIS, da wir ihn für das folgende wichtige Kapitel über unsere grundlegenden Glaubenssätze benötigen.

Ich will, dass Sie genau wissen, was ein Beweis ist, damit Sie selbst für sich den »Beweis antreten« können, wenn es um wichtige Entscheidungen hinsichtlich Ihrer grundlegenden Glaubenssätze geht. Der König muss Sicherheit haben, wenn er sein Land erfolgreich regieren soll. Wem aber kann er trauen? Wie bekommt er diese Sicherheit?

Wenn wir heute zum Beispiel über die Existenz von Engeln oder von Gott sprechen, hören wir oft: »Beweise es mir doch.« Die Gehirnforscher hingegen behaupten, bewiesen zu haben, dass es weder einen Geist, eine Seele, ein Ich, noch einen freien Willen gibt. Wie sollen wir nun herausfinden, ob diese Leute recht haben und ob sie das wirklich bewiesen haben, obwohl wir kein Fachwissen auf diesem Gebiet besitzen? Ich werde Ihnen zeigen, dass Sie sehr wohl ein eigenes sicheres Urteil fällen können.

Viele Akademiker an den Universitäten fordern Beweise für geistige Dinge und lehnen daher Spiritualität als unwissenschaftlich ab. Ich aber beziehe mich als Wissenschaftler auf eine »Spirituelle Wissenschaft«, die ich Ihnen zum Abschluss vorstellen werde. Wie passt das zusammen?

Physische Beweise und logische Beweise

Nun, wir haben schon gelernt, wie wir auf eine solche Frage nach einem Beweis antworten können. Ich empfehle Ihnen immer wieder, diese Methodik anzuwenden, die sich aus unserem Kapitel über die klaren Begriffe ergibt. Wir müssen Begriffe stets klären, und so können Sie fragen, bevor Sie vorschnell eine Antwort geben: »Was verstehst du denn unter Beweisen?« Ich garantiere Ihnen, dass Ihnen auch auf diese Frage kaum ein Mensch eine klare Antwort geben kann. Probieren Sie es aus.

Übung

Versuchen Sie selbst einmal konkret zu formulieren, was Sie unter Beweisen verstehen. Was ist für Sie ein Beweis? Prüfen Sie dann ehrlich, wofür Sie selbst einen Beweis haben wollen und warum.

Was ist also nun ein Beweis? Wir haben festgestellt, dass wir über Denken, Fühlen und Wollen und der daraus resultierenden Handlung verfügen. Ein Beweis kann also auch nur mit diesen Möglichkeiten vollzogen werden! Was kann also konkret ein »Beweis« sein?

Die Naturwissenschaft sieht den endgültigen Beweis im Experiment. Es handelt sich dort um ein physikalisches, materielles

Experiment. Das ist es auch, was wir normalerweise als Beweis akzeptieren. Mit dem Satz »Beweise mir doch, dass es Engel gibt«, wird ein physikalischer Beweis erwartet.

Das ist aber keine sinnvolle Forderung, wie wir aus unserer Beschäftigung mit Logik und Mathematik in diesem Buch wissen. Beides sind anerkannte Wissenschaften, befassen sich aber nicht mit der MATERIE. In ihnen kann es überhaupt keine physikalischen Beweise geben, sondern nur logische. Trotzdem muss der Naturwissenschaftler gerade auf diese beiden Wissenschaften als Basis vertrauen.

Wenn also jemand einen Beweis für Engel haben will, dann fragen Sie ihn nach Beweisen für die Mathematik. Wenn er dann sagt, die Technik sei doch Beweis, dann müssen wir ihm sagen, dass das kein Beweis für Mathematik ist. Ihre Beweise liegen nur im Geist, und dasselbe gilt für die Logik. Folglich müssen wir zwischen zwei Arten von Beweisen unterscheiden. Die erste Art von Beweisen ist jene, die in der Mathematik und Logik und auch überall in der Naturwissenschaft vorkommt. Diese Beweise spielen sich nur im Denken ab und man nennt sie daher »logische Beweise«. Auch wir verwenden diese Art von Beweisen jeden Tag. Wenn wir etwas beobachten und dann unsere Schlussfolgerungen ziehen.

Ein Fallbeispiel

Eine Frau weiß von ihrem Mann, dass er gerne anderen Frauen nachsieht, und befürchtet, dass er sie betrügen könnte. Nun beobachtet sie an ihrem Mann auf einmal ein anderes Verhalten. Er ist netter zu ihr als sonst und kauft ihr auffällig oft Blumen. Sie zieht daraus den Schluss, dass er sie betrügt. Das kann nun zutreffen oder nicht. Der logische Beweis scheint für die Frau zunächst gegeben, aber hat sie auch alles berücksichtigt? Nun, sie hätte wie bei unserem Logik-Beispiel mit dem Regen zumindest eine Voraussetzung mit aufnehmen müssen:

»Seine Änderung des Verhaltens hat keine andere Ursache.« Das hätte sie zuerst klären müssen, und zwar durch intensive Beobachtung oder Gespräche. Wenn sie das nicht getan hat, hat sie etwas übersehen und vorschnell ein Urteil gefällt. Weil wir alle so schnell urteilen, aus Glaubenssätzen, die wir nicht überprüft haben, erzeugen wir oft viel Leid. Sich ein klares Urteil zu erarbeiten ist eben durchaus Arbeit, und wir sind meistens zu bequem dazu.

So macht die Frau dem Mann eine Szene, beginnt einen Streit, obwohl der Mann nicht fremdgegangen ist. Die Frau hat einfach ihr Urteil nicht gründlich und logisch überprüft und auch kein Experiment gemacht, also keine andere Bestätigung für ihre Annahme eingeholt.

Es mag manchmal anstrengend sein, aber: Ohne gedankliche Anstrengungen bekommen wir keine Klarheit und es entstehen Probleme wie bei unserem Beispiel. Es stellt sich heraus, dass der Mann nicht fremdgegangen ist und sein Verhalten geändert hat, weil er ein noch intensiveres Gefühl für seine Frau entwickelt hat. Sie hatte es als schlechtes Gewissen interpretiert, war also von einer falschen Voraussetzung ausgegangen und hat ein Vorurteil gefällt.

Bedingungen für den logischen Beweis

Was ist aber ein logischer Beweis nun genau? Wir wissen, was logische Schlussfolgerungen sind: Wir gewinnen aus bestehenden Aussagen durch Kombinationen immer wieder neue. So bekommen wir Ketten von Aussagen. Eine solche korrekte logische Kette bezeichnen wir als logischen Beweis, wenn darin alles wahr ist. Alle Aussagen müssen in dieser Art und Weise erfolgen und damit logisch korrekt sein. Für unser Beispiel würde das konkret bedeuten, dass die Frau die Psyche ihres Partners so weit erforscht, dass sie sein Verhalten in bestimmten Situationen vorhersagen kann. In intensiven Partnerschaften ist das ja auch oft der Fall. Halten wir also fest:

> Ein logischer Beweis ist eine gedankliche Überprüfung in Form einer Kette logisch korrekter Schlussfolgerungen, ausgehend von wahren Voraussetzungen.

Beachten Sie bitte folgende vier Bedingungen, die für einen logischen Beweis unabdingbar sind:

1. Die Begriffe müssen exakt und klar sein.
2. Die Schlussfolgerungen selber müssen korrekt sein, das heißt sie müssen den Regeln der Logik folgen.
3. Die Voraussetzungen am Anfang der Kette müssen wahr sein.
4. Es müssen alle erforderlichen Voraussetzungen beinhaltet sein.

Gerade der vierte Punkt ist in unserem Beispiel nicht erfüllt. Die Frau hat in ihrem Gedankengang andere Ursachen nicht einbezogen.

Diese vier Bedingungen *müssen* erfüllt sein, damit ein logischer Beweis vorliegt, damit wir sagen können: »Er ist logisch richtig.« Bitte prägen Sie sich diese vier Bedingungen ein. Sie sind sehr wichtig für das Verständnis unserer grundlegenden Glaubenssätze.

Wenn es um eine geistige Welt geht, ist die Forderung nach einem physikalischen Beweis also sinnlos. Oder haben Sie schon einen physikalischen Beweis für die Liebe gesehen? Die Frage ist dann aber: Wie kann und soll denn ein Beweis für die Liebe aussehen? Darauf werde ich bei dem abschließenden Thema des spirituellen Weltbildes eine wissenschaftliche Antwort geben.

Persönlicher Machtfaktor 6: Die wirklichen Glaubenssätze

»Meine Tochter, dein Glaube hat dich gesund gemacht.«
Evangelium nach Markus 5,21

»Gehe hin, dein Glaube hat dich geheilt.«
Evangelium nach Markus 10,51

Nun haben wir den letzten Schritt für das tiefe Verstehen unseres Programms zur Veränderung von grundlegenden Glaubenssätzen erreicht. Jetzt erst sind wir so weit, den eigentlichen Schlüssel zu entdecken und anzuwenden. Wir haben bereits eine weite Reise durch unser Königreich gemacht. Sie haben bereits eine intensive Arbeit an Ihren Glaubenssätzen vollzogen. Dem König, Ihnen selbst, fehlt aber noch ein letzter Schlüssel zum Verständnis, warum denn ein einziger Satz alles radikal verändern kann. In diesem Kapitel erhalten Sie den letzten Schlüssel für Ihr Denken, um den Code zu knacken und wirklich zu verstehen, wie Ihr König, der Geist, in Ihrem Denken funktioniert.

Wir haben eine Frage offen, die es zu klären gilt: Gibt es eine absolute Wahrheit? Mit der Beantwortung dieser Frage kommen wir auf das zentrale Thema des Buchs: auf unsere grundlegenden Glaubenssätze.

Wir haben erkannt, dass wir ein Weltbild in uns haben, das wir selbst erschaffen haben. Dabei spielt die Logik eine entscheidende Rolle. Am Anfang jeder logischen Kette müssen wahre Aussagen als Voraussetzungen stehen. Nur dann kann aus den Gesetzen der Logik heraus gesagt werden, dass alle Aussagen wahr sind. Wenn wir wahre Aussagen am Anfang gewählt und die Gesetze der Logik richtig verwendet haben,

dann muss auch die letzte Aussage, die sogenannte Schlussaussage, auf alle Fälle wahr sein.
Bitte rufen Sie sich diesen Mechanismus noch einmal ins Bewusstsein und verinnerlichen Sie ihn. Das ist entscheidend für Ihre grundlegenden Glaubenssätze und Ihr Vertrauen in Ihr Denken. Sie können in diesen Mechanismus in Ihnen absolutes Vertrauen haben. Das ist Ihre Königsstärke! Der Logos in Ihnen ist dieser unbesiegbare Geist der Wahrheit und er gibt Ihnen Ihre Königswürde als Mensch.

Einen Anfangspunkt setzen

Wir müssen bei jedem logischen Beweis *irgendwo* mit Aussagen beginnen. Diese Ausgangspunkte nennen wir nun »Uraussagen«. Vor diesen Aussagen können keine anderen stehen. Sie stellen den Beginn eines jeden Beweises dar, eines logischen Beweises.
Eine solche Uraussage für die Wissenschaft ist zum Beispiel der Glaubenssatz: »Die Logik ist wahr.« Der Physiker sagt zum Beispiel: »Die Naturgesetze gelten immer und überall gleich.« Das ist aber keine Tatsache. Ebenso sagt er: »Die Zeit ist immer gleich.« Daraus ergibt sich unsere ganze Zeitrechnung mit ihren Milliarden von Jahren. Sie beruht auf einem Glaubenssatz und nicht auf einer wissenschaftlichen Tatsache, auch wenn wir immer davon ausgehen. Diese Aussage über die Zeit ist mit Sicherheit falsch. Wir können sie mit wenigen Gedanken prüfen und widerlegen, weil unsere Vorstellung von Zeit nämlich von regelmäßigen Rhythmen wie Erdumdrehung, Erdumlaufbahn oder atomaren Prozessen abhängt. Alle diese materiellen Bedingungen werden sich irgendwann ändern, daher muss sich auch der Zeitmaßstab ändern. Das weiß jeder Physiker. Wann diese Zeitänderung eintritt, können wir aber logischerweise nicht wissen. Sie sehen, dass diese Vorstellung

der Physiker ein grundlegender Glaubenssatz ist, der für eine gewisse Zeit gilt, aber für alle Zeit sicher falsch ist. Sie sehen, wie sehr wir sogar in der Wissenschaft über Glaubenssätze reflektieren müssten.

Damit kommen wir zu der entscheidenden Frage und wollen diese wieder als Übung angehen:

Übung

Bitte überlegen Sie einmal selbst: Wie können wir denn die Wahrheit von Uraussagen beweisen? Bevor Sie meine Antwort lesen, versuchen Sie bitte zuerst selbst, eine Antwort zu finden, auch wenn es Zeit braucht. Sie können diese Antwort bereits geben, was Ihnen auch zeigt, dass das Wahrheitsdenken der Logik in Ihnen verfügbar ist. Vertrauen Sie dabei ruhig auf diese innere Kraft! Sie ist da und ist Ihr Draht zur kosmischen Weisheit.

Wenn Sie Ihre Logik einsetzen, werden Sie nach einigem Überlegen sicherlich sagen: Das können wir ja gar nicht beweisen! So ist es. Wir müssen mit unserer logischen Kette bei Aussagen beginnen, die nicht beweisbar sind. Sie können nicht beweisbar sein, denn dafür würden wir weitere Uraussagen benötigen, die aber nicht verfügbar sind.

Eine Aussage aber, die in diesem Sinne nicht beweisbar ist, von der müssen wir einfach annehmen, dass sie richtig ist, weil sie so selbstverständlich, so offensichtlich ist. Damit ist sie aber etwas, was wir als Glaube bezeichnen. Diese Uraussagen sind somit im wahrsten Sinne und im doppelten Sinne des Wortes Glaubenssätze.

Das bedeutet aber, dass am Anfang Ihres Weltbildes solche echten, grundlegenden Glaubenssätze stehen müssen, die Sie auch nie beweisen können.
Und wenn Ihnen nun eine Person erzählt, er glaube an gar nichts, dann wissen Sie jetzt, dass das nicht wahr sein kann. Denn der Satz: »Ich glaube an nichts«, ist bereits ein grundlegender Glaubenssatz und diese Person glaubt damit an ihre Überzeugung. Sie glaubt damit an ihre Vernunft und ihren Verstand und ihre Logik. Sie glaubt damit dem Geist der Wahrheit in ihr. Sonst könnte sie nicht so überzeugt sein. Sie können die Person dann fragen: »Glaubst du an die Liebe?«, und sich überraschen lassen, was sie antwortet. An eines muss sie in jedem Fall glauben: an ihr Denken und ihre Kraft der Logik.

Am Anfang steht der Glaube

Unser ganzes Weltbild baut auf logischen Schlussfolgerungen aus unseren persönlichen Erfahrungen auf. Der Logos in uns zieht aus diesen Annahmen unerbittlich, aber auch zu unserem Glück Schlussfolgerungen nach seinen Gesetzen. Das macht aus uns allen Wissenschaftler. Unser Weltbild ist unsere Theorie über das Leben, über »Gott und die Welt«, einschließlich uns selbst. Und so schaffen wir unsere Glaubenssätze aus Erfahrung und erbauen unser Weltbild auf diesen Fundamenten aus logischen Schlussfolgerungen, also logischen Beweisen. Tagtäglich bauen Sie daran weiter, indem Sie lernen.
Jeder hat ein Weltbild, und so muss ein jeder grundlegende Glaubenssätze haben. Diese stehen ganz zu Beginn eines Systems, einer Kette, eines ganzen Weltbildes. Daher nenne ich nur diese Glaubenssätze »grundlegende Glaubenssätze«, denn nur diese sind wahre Glaubenssätze! Alle Aussagen, die sich daraus ergeben, sind keine »grundlegenden« Glaubenssätze mehr, weil wir sie aus vorangehenden abgeleitet haben.

In der Wissenschaft haben diese Uraussagen einen Fachbegriff: AXIOME. Ein Axiom ist dasselbe wie ein grundlegender Glaubenssatz. Auch wenn der Begriff sehr wissenschaftlich klingt, werden wir ihn hin und wieder verwenden. Sie haben ja bereits erfahren, wie wichtig klare Begriffe sind. Mit diesem Fachbegriff können wir eine eindeutige Unterscheidung zu abgeleiteten Glaubenssätzen treffen.
Eine wichtige Aussage für uns lautet nun:

> Wir *müssen* glauben, dass die Uraussagen richtig sind.
>
> Das bedeutet wiederum in der Konsequenz:
>
> Jede Wissenschaft hat daher an ihrer Basis ein Glaubenssystem.

Sie sehen, dass sogar und vor allem Wissenschaftler ihre Theorien letztlich auf grundlegenden Glaubenssätzen aufbauen müssen. Doch leider ist diese Tatsache nicht allen Wissenschaftlern bewusst. Wenn jemand meint, Wissenschaft stehe völlig außerhalb des Glaubens, dann irrt er. Die Aufgabe des Wissenschaftlers ist es zudem, die *richtigen* grundlegenden Glaubenssätze zu finden.
Für unser eigenes Leben hat das auch sehr weitreichende Konsequenzen:

> Unser persönliches Weltbild hat an der Basis grundlegende Glaubenssätze.

Vorbestimmter Erkenntnisumfang

Kommen wir zu einer weiteren wichtigen Tatsache und fragen wir uns: Welche Aussagen, also welche Wahrheiten können wir eigentlich aus diesen unseren grundlegenden Glaubenssätzen, den Axiomen, herleiten? Auch das können Sie nach wenigen Überlegungen selber erkennen, und das hat die Wissenschaft auch bewiesen: Alles, was es an Wahrheiten in unserem Wissenssystem mit seinen Axiomen gibt, ist bereits durch die Axiome festgelegt.

> Wir können nicht mehr an Wahrheit finden, als bereits durch die grundlegenden Glaubenssätze indirekt, implizit, von vornherein festgelegt ist.

Implizit heißt wörtlich »zunächst unsichtbar«. Mit den grundlegenden Glaubenssätzen ist bereits alles an Wahrheit festgelegt, was wir aus ihnen herausholen können, denn jede wahre Aussage in unserem System beginnt ja bei ihnen. Jetzt verstehen Sie meine Aussage zu Beginn des Buchs, dass wir Samen in uns tragen. Unsere grundlegenden Glaubenssätze sind Samen, die ganze Bäume hervorbringen.

Es mag unendlich viele wahre Aussagen geben, doch sie sind durch einige wenige grundlegende Glaubenssätze bereits festgelegt. Die Erkenntnis daraus lautet:

> Unsere grundlegenden Glaubenssätze bestimmen unser Weltbild und damit unser Leben.

Erkennen Sie jetzt die große Bedeutung unserer grundlegenden Glaubenssätze?
Und nun vollziehen wir den letzten großen Gedankenschritt:

> Ein einziger grundlegender Glaubenssatz kann ein völlig neues Weltbild erzeugen.
> Ein einziger Satz verändert damit das Leben.

Damit haben wir den letzten Schritt getan. Wir wissen mittlerweile, dass viele grundlegenden Glaubenssätze wie »Ich bin es nicht wert, geliebt zu werden« oder »Ich muss arm sein« unser Leben bestimmen und darauf warten, transformiert zu werden. Unsere persönlichen grundlegenden Glaubenssätze zu entdecken und zu korrigieren, und zwar in Bezug auf unser Weltbild und unser Selbstbild, ist Aufgabe der Selbsterkenntnis. Für unser Weltbild gilt also:

> Die Wahl der grundlegenden Glaubenssätze ist für unser Leben entscheidend.

Die Macht der Grund-Idee

Diese Erkenntnis, die ich Ihnen hier mitgebe, stammt ursprünglich aus der Mathematik des 18. Jahrhunderts und löste später eine mathematische und physikalische Revolution aus. Man nennt sie die »geometrische Revolution«. Man entdeckte damals, dass man mit einer neuen Geometrie die Welt der Kugel erschließen konnte, während man mit der alten Geometrie des Euklid, die wir auch aus der Schule kennen, nur die Ebene erfassen konnte. Dazu musste man nur ein einziges Axiom, einen wissenschaftlichen grundlegenden Glaubenssatz, ändern. Eine neue Welt erschloss sich damals für Mathematik und Physik. Das zeigt uns:

> Die Wahl unserer grundlegenden Glaubenssätze bestimmt unser Weltbild.
> Ein einziger grundlegender Glaubenssatz kann eine neue Welt erschließen.

Es wird damit aber auch klar, wo im Grunde Ihre persönliche Freiheit liegt: in der Wahl Ihrer grundlegenden Glaubenssätze. Das ist Ihre erste Freiheit und im Grunde die einzige Freiheit, die Sie besitzen. Prüfen Sie das bitte für sich nach. Es ist sehr bedeutsam.

Allem liegen Glaubenssätze zugrunde

Das ist der Grund, warum wir immer wieder in Krisen und Konflikte kommen, Krankheiten und Schicksalsschläge erleiden. Daran ist zunächst auch nichts Falsches, denn aus Krisen und Konflikten können wir lernen und damit unsere grundlegenden Glaubenssätze verändern. Lernen und Entwicklung bedeuten letztlich nichts anderes als die Änderung von grundlegenden Glaubenssätzen. Nun können wir erkennen, dass alles Lernen nicht nur Weltbildarbeit ist, sondern vor allem Arbeit an grundlegenden Glaubenssätzen.

Jetzt haben wir endgültig den letzten Gedankenschritt zur Selbsterkenntnis dieser Mechanismen in uns vollzogen. Jetzt begreifen wir, dass es in den meisten Fällen immer nur um einen einzigen Satz geht.

Unterschiedliche Axiome führen zu unterschiedlichem Erkennen

Wir verstehen damit aber auch, dass es durchaus verschiedene Wahrheiten gibt, nämlich jene durch unterschiedliche Axiomsysteme. Nach unserem wissenschaftlichen Verständnis, das wir uns hier angeeignet haben, gibt es aber nur eine Wahrheit, auch wenn sie stets viele Blickwinkel umfasst. Aber unsere Sicht und die Wahrheit sind abhängig von der Wahl der Axiome, unserer grundlegenden Glaubenssätze. Deshalb müssen wir korrekterweise sagen, dass es verschiedene Wahrheiten oder Wissenssysteme gibt, je nach Wahl des AXIOMENSYSTEMS. Es kann aber nur eine Wahrheit für die Beschreibung der jeweiligen Wirklichkeit geben. Es gibt beispielsweise nur die Wahrheit, dass der Mann fremdgeht oder nicht.

Lassen Sie sich diesen Gedanken, diese Erkenntnis, diese Tatsache auf der Zunge zergehen. In uns tragen wir eine ganze Reihe mentaler Welten bzw. eine Welt mit mehreren Unterwelten. Darunter gibt es eine »reale« Welt. Sie ist der Teil unseres Weltbildes, der mit der Wirklichkeit übereinstimmt. Dieser Teil führt in der Anwendung zum Erfolg, eben weil er mit der Wirklichkeit übereinstimmt.

Die anderen Teile unserer mentalen Innenwelt sind jene der Irrtümer und Illusionen. Falsche Glaubenssätze, das heißt grundlegende Glaubenssätze, die nicht mit der Wirklichkeit übereinstimmen, haben diese innere Welt geschaffen. Sie bereitet uns die Probleme und schafft die Krisen. Es ist aber wichtig zu erkennen, dass auch diese falschen Glaubenssätze ihren großen Sinn und Wert haben, denn durch sie entwickeln wir uns, werden wach und bewusst. Wir dürfen sie also nicht verdammen und schon gar nicht uns selbst, weil wir so denken. Dieses Verdammen erzeugt neue, gefährliche grundlegende Glaubenssätze, die auch zu Krankheiten führen können: »Ich bin so dumm«, »Ich bin nicht des Glücks würdig«, »Ich mache nur

Fehler« usw. Zu erkennen, dass alles dem höheren Sinn der Entwicklung dient, wie ich Ihnen später noch genauer darlegen werde, befreit uns von all diesen Vorwürfen.

Fatal falsche Axiome

Es gibt einen Grenzbereich von Weltbildern, in dem es um Fantasie geht. Wenn jemand grundlegende Glaubenssätze für wirklich hält, die nur der Fantasie entspringen, kann das gefährlich werden: Wenn ein Junge glaubt, dass Superman real ist, er selber auch fliegen kann und sich daher aus fünf Meter Höhe vom Haus stürzt, dann ist das extrem gefährlich. Ähnliches gilt für den Bereich der modernen Esoterik. Viele Aussagen darin beruhen auf grundlegenden Glaubenssätzen, die nicht mit der Wirklichkeit übereinstimmen, und viele Menschen sind dadurch schon in sehr große Gefahren gekommen. Es gibt aber solche Irrtümer auch in der Naturwissenschaft, weil sie auf falschen grundlegenden Glaubenssätzen beruhen. Etwa die Aussage »Diese Krankheit ist unheilbar« ist berühmt und letztlich in jedem Fall falsch. Ein Arzt darf höchstens sagen, dass es aus seiner Sicht und Erfahrung keine Heilungschancen gibt. Dabei ist auch der berühmte Nocebo-Effekt zu berücksichtigen. Hier tritt durch eine falsche, negative Diagnose eine Verschlechterung des Gesundheitszustandes ein. In einem konkreten Fall hat ein Arzt einer Patientin mit einer Autoimmunerkrankung der Schilddrüse zunächst mitgeteilt, dass sie nicht geheilt werden könne. Bei genauer Nachfrage stellte sich jedoch heraus, dass er doch zwei Patientinnen hatte, bei denen es zur Heilung gekommen war. Die Frage ist, wie Ärzte grundsätzlich zu solchen Aussagen kommen, da in der Praxis für nahezu alle sogenannten unheilbaren Krankheiten Gegenbeispiele bekannt sind. Aus Sicht der unbestechlichen Logik bedeutet dies, dass diese Aussagen über unheilbare Krankheiten wissenschaftlich falsch sind.

Es ist unsere persönliche Herausforderung, selber unser Wahrheitsdenken zu schulen und zum Beispiel in der Medizin eine eigene Patientenkompetenz zu entwickeln. So können wir jedem Arzt mit gesundem Menschenverstand begegnen, ohne ihm zu misstrauen oder blind zu vertrauen. Es geht darum, das eigene Königtum anzunehmen.

Widerspruchsfreiheit und Wahrheit

Noch eine wichtige Aussage brauchen wir. Bei den Axiomen in der Wissenschaft wissen wir, dass sie sich nicht widersprechen, also das Gegenteil voneinander aussagen dürfen. Man sagt, dass ein Axiomensystem *widerspruchsfrei* sein muss. Wir haben ja im Kapitel über Logik festgestellt, wie unser Unterbewusstsein Widersprüche sucht. Jetzt wissen wir, warum und wer da sucht. Bei unserer Liesl ist so ein Widerspruch aufgetaucht, da sie zwei Wissenssysteme, die auf unterschiedlichen Glaubenssätzen aufbauen, vermischt hat. Einerseits hörte sie, der Mensch stamme vom Affen ab, andererseits von Gott. Da arbeitet die Logik, die daraus folgern muss, dass Gott ein Affe ist. Als Erwachsener folgern wir anders, wir sagen dann, dass eines von beiden nicht stimmen kann. Ein Kind kann das noch nicht, weil es den Autoritäten, den Lehrern und Eltern glaubt. So entstehen viele falsche grundlegende Glaubenssätze in unserer Kindheit, die wir als Erwachsene lösen müssen.
Wir wissen, dass Wahrheit universell, also nicht persönlich ist und von jedem Menschen nachvollzogen werden kann. Der Begriff »universell« wird aber leider immer wieder mit dem Begriff »absolut« verwechselt. Hier besteht aber ein Unterschied. Wir haben in diesem Kapitel festgestellt, dass unsere Erkenntnisse von unseren grundlegenden Glaubenssätzen abhängen. Ihre Gesetze als König bestimmen Ihr Reich der Seele. Das bedeutet aber auch, dass Wahrheit stets relativ ist und

nicht absolut, das heißt, sie ist abhängig von den grundlegenden Glaubenssätzen.

Ein ganz anderer Begriff, der auch damit verwechselt wird, ist der Begriff der »totalen« Wahrheit. Total bedeutet das Ganze betreffend. Wir haben es stets mit Wahrheiten über Teile des Ganzen zu tun, also mit Teilwahrheiten. Die totale Wahrheit wäre die Wahrheit über das ganze geistige und materielle Universum. Wenn es sie gibt, dann kann sie wohl nur bei Gott liegen, falls es solch eine Instanz gibt. Wir brauchen für unser Leben zunächst weder absolute noch totale Wahrheiten. Aber je größer der wahre Anteil unseres Weltbildes wird, desto größer wird eben die Wahrheit in uns.

Ihr ganz persönliches Leben, Sie selbst sind eine Wirklichkeit. Für diese Realität gibt es ein passendes, wahres Weltbild mit passenden grundlegenden Glaubenssätzen. Um dieses für sich selbst zu finden, benötigen Sie aber Liebe zur Wahrheit und Mut zur Selbsterkenntnis. Denn Wahrheiten sind oft nicht bequem. Diese über sich selbst herauszufinden, ist für uns alle eine große Herausforderung. Dieses Buch gibt Ihnen Mittel an die Hand, diese Herausforderung meistern und somit König in Ihrem Reich werden zu können. Sie verstehen aber, dass es sich hier um keine kleine Sache handelt und Sie daher dieses Buch auch herausfordern soll.

Der Ursprung des Weltbilds

Wir sind jetzt am Ende der grundlegenden Erkenntnisse für die Arbeit an unseren Glaubenssätzen angelangt. Bitte beachten Sie, dass sich aus ihnen logische Schlussfolgerungen ergeben, die aber korrekterweise keine grundlegenden Glaubenssätze mehr sind, weil sie ja aus den grundlegenden Glaubenssätzen bewiesen wurden. Bei der Arbeit an unseren Glaubenssätzen müssen wir uns mit den ganz in der Tiefe liegenden Fundamental-Glaubenssätzen befassen. Darüber mögen Hunderte anderer Aussagen liegen. Diese haben sich aber aus unseren grundlegenden Glaubenssätzen ergeben. Oft wird nur an diesen abgeleiteten Sätzen gearbeitet. Doch Sie verstehen nun, dass das zu wenig ist.

Es ist klar geworden, dass meistens ein einziger Satz entscheidend ist. Und wenn wir den einen gefunden haben und ändern, dann fallen mit der Zeit auch die Hunderte darüber liegenden Aussagen in sich zusammen. Diese zentrale Botschaft möchte ich Ihnen mit diesem Buch mitgeben. Dazu mussten wir diesen langen Weg gehen. Ohne diesen Weg und die Mühe, die er bedeutet hat, wäre dieses entscheidende Kapitel nicht zu verstehen gewesen. Sie wissen nun auch, welche Kraft Sie auf diesem Weg geführt hat: ihr Logos. Deshalb kann jeder Mensch verstehen, was hier dargelegt wurde. Jeder trägt diesen Geist der Wahrheit in sich. Sie haben sich nun die Grundlagen erarbeitet, um als König Ihre persönliche Gesetzgebung in Ihrem Königreich vorzunehmen.

Ich empfehle Ihnen zum Abschluss noch diese Übung:

Übung

Gehen Sie in aller Stille und innerer Ruhe den zentralen Gedanken durch, dass alles, was wir in uns als Weltbild erbauen, von gewissen grundlegenden Glaubenssätzen, ja sogar von wenigen und manchmal nur von einem einzigen abhängt. Misserfolg, Krankheit und Krisen, aber auch Erfolg hängen von diesen grundlegenden Glaubenssätzen ab. Deshalb werden wir zu dem, was wir glauben, und sind das, was wir früher geglaubt haben. Und ein einziger Satz kann alles verändern!

Der Weg heraus aus falschen Glaubenssätzen – Ein Programm in sieben Schritten

Unsere Lebensthemen, Glaubenssätze und Krisen

»Achte auf deine Gedanken, denn sie werden zu Worten.
Achte auf deine Worte, denn sie werden Handlungen.
Achte auf deine Handlungen, denn sie werden Gewohnheiten.
Achte auf deine Gewohnheiten, denn sie werden dein Charakter.
Achte auf deinen Charakter, denn er wird dein Schicksal.«

Östliche Weisheit

Erinnern Sie sich an den Beginn des Buchs? Ich habe Ihnen dargelegt, dass in der grundlegenden Bewusstwerdungs-Übung nahezu alles enthalten ist, was Sie zur Glaubenssatz-Arbeit benötigen. In der Zwischenzeit hatten Sie Gelegenheit, etliche Glaubenssätze kennenzulernen, zu prüfen und zu verändern. Jetzt werde ich den zurückgelegten Weg systematisch zusammenfassen und leicht anwendbar machen.

Die Ich-Basis finden

Ihre Glaubenssätze entscheiden über Ihr Weltbild und damit über Ihr Leben. Ihr Weltbild muss der Wirklichkeit entsprechen, also der Wahrheit, wenn Sie Ihr Leben erfolgreich meistern wollen. Sie selbst sind ein Teil der Wirklichkeit. Daher ist die Selbsterkenntnis der entscheidende Schritt zur Lösung aller Glaubenssatzfragen. Wenn wir nicht richtig verstehen, wer wir sind, wie sollen wir dann unsere Glaubenssätze korrigieren können? Es hat keinen Sinn, irgendwelche Techniken und Methoden vorzuschlagen, wenn die Basis nicht stimmt, das Weltbild über uns selbst. In dem folgenden Zitat des Buddha wird aufgezeigt, was Geisteslehrer uns weitergeben:

> Wir sind, was wir denken. Alles, was wir sind, entsteht aus unseren Gedanken. Mit unseren Gedanken machen wir die Welt.

Wenn wir also grundlegend falsche Vorstellungen von uns selbst haben, von unserem Denken und Fühlen, dann scheitern wir. Wir müssen ein falsches Bild von uns selbst korrigieren. Deswegen haben wir bis hierher so intensiv an diesem Teil unseres Weltbildes gearbeitet. Was jetzt noch kommt, ist eine Erweiterung und Vertiefung.

Unser falsches Denken wird zum Schicksal. Das ist es, was uns die moderne Epigenetik beweist, und das ist es, was die Weisheitslehrer seit Jahrtausenden immer wieder betonen. Sie gingen dabei allerdings einen Schritt weiter.

Wenn Buddha von unserer Zukunft sprach, dann meinte er nicht nur dieses jetzige Leben! Wir erschaffen nämlich mit unserem Weltbild weit mehr als die nahe Zukunft. Hier kommt der weltberühmte Begriff des KARMA, also das Schicksal, das uns aus früheren Leben heute wieder einholt, ins Spiel. Es kann uns in der Arbeit mit grundlegenden Glaubenssätzen bewusst werden, dass einige davon nicht aus diesem Leben stammen können. Das werde ich später noch vertiefen.

Zu einer systematischen Darstellung einer Glaubenssatzarbeit gilt es noch einige Vorbemerkungen zu machen.

Unsere Lebensthemen

Jeder von uns hat seine speziellen Lebensthemen, die sich in tiefgehenden Glaubenssätzen manifestieren. Der Begriff des Karma liefert uns dafür eine Erklärung: Wir bringen sie in unser jetziges Leben mit.

Das ist für viele Wissenschaftler und Therapeuten eine nicht nachvollziehbare These – allerdings nicht für all jene, die bereits nach spirituellen Gesichtspunkten therapieren.

Lebensthemen = Glaubenssätze

Diese tiefgehenden Glaubenssätze betreffen gleichzeitig unsere Lebensaufgaben, die wir uns vorgenommen haben, die eigene Berufung. Unsere Berufung ist der Ruf unserer Seele nach Entwicklung und daher, wie wir nun wissen, der Ruf nach Wahrheit und einem widerspruchsfreien Weltbild.

Der Wert falscher Glaubenssätze

Falsche Glaubenssätze sind wertvoll, weil sie uns aufrufen, uns weiterzuentwickeln. Sie sind also eine echte Chance. Diese Sichtweise will ich Ihnen immer wieder nahebringen, weil wir damit unsere Einstellung zu Leid und Schmerz ändern. Wir können sie viel besser annehmen, bewusst nutzen und später auch verhindern.

Vorsicht mit Wünschen

Es hat wenig Sinn, die Zukunft wissen zu wollen, um Krisen zu verhindern. Viele glauben, durch Astrologie, Formen der Magie und Esoterik Ereignisse vermeiden und sich das reine Glück herbeizaubern und herbeiwünschen zu können. Alle Wunschtechniken gehen meist von einer Fehlannahme aus: Man berücksichtigt dabei nicht, dass wir selber unser Lernprogramm schon vor der Geburt geschaffen haben. Oft wird neues Leid geschaffen, wenn die Wünsche nicht in Erfüllung gehen, weil die »Bestellung beim Universum« nicht funktioniert hat. Man fühlt sich dann erst recht schlecht. Wenn wir unsere selbstgewählten Krisen verhindern wollen, ohne dabei Bewusstseinsarbeit zu vollziehen, verhindern wir das Wachstum, das wir uns selber vorgenommen haben.

Krisen nutzen für den Wandel

Weise ist es hingegen, die Krisen für den Wandel zu nutzen. »Wer nicht hören will, muss fühlen«, sagt der Volksmund und drückt eine tiefe Weisheit aus. Wenn es uns gelingt zu »hören«, dann können wir den Schmerz, das Leid vermeiden, nicht aber die Anstrengung. Denn jede Entwicklung ist nur durch Anstrengung möglich. Zu »hören« bedeutet in unserem Zusammenhang, »bewusst zu werden«. Wenn es uns also gelingt, zum Beginn einer Krise sofort damit zu beginnen, an unserem Bewusstsein zu arbeiten und unsere falschen Glaubenssätze zu korrigieren, dann können wir uns viel Schmerz ersparen.

Schmerz als Entwicklungsauslöser

Allerdings zeigt uns die Lebenserfahrung, dass häufig erst die seelische Krise durch Schmerz spürbar werden muss, damit wir aufwachen. Ein eindringliches Beispiel dafür sowie für die These der früheren Leben ist die folgende Geschichte:

Ein vierjähriges Kind stirbt an Krebs, was für die Eltern natürlich einen großen Schock und viel Schmerz bedeutet. Bevor es starb, wurde zu dem Kind jedoch eine Therapeutin gerufen, von der man wusste, dass sie gut in der Sterbebegleitung ist. Das Kind erfasste sofort die empathische Fähigkeit der Frau und vertraute sich ihr an.

»Du weißt«, sagte es, »dass ich bald sterben werde. Aber ich bin deshalb gar nicht traurig. Denn ich bin doch nur gekommen, damit mein Papa sein Herz aufmacht, wenn ich weg bin. Wir warten schon so lange darauf. Kannst du das der Mama bitte sagen, wenn ich gestorben bin?«

Nach dem Tod des Kindes erzählte die Therapeutin dem Vater davon. Er konnte es sofort mit Verstand und Herz erfassen und machte eine wunderbare Wandlung von einem stark egozentrierten Manager zu einer empathischen und menschlichen Führungskraft und einem liebevollen Partner durch.

Übung

Überlegen Sie bewusst, wodurch Sie im Leben am meisten gelernt haben, und ob Sie Ihre negativen Erfahrungen missen wollen. Bitte machen Sie sich den Wert dieser Erfahrungen für sich bewusst. Schreiben Sie sich in Ihrem Büchlein auf, wozu Ihnen diese Erlebnisse gedient haben.

Glaubenssätze und Krisen

Meist begegnen uns unsere tiefen Glaubenssätze erst in den Krisen unseres Lebens, dann, wenn sozusagen die »Samen des Karmas aufgehen« und es an der Zeit ist, Lernschritte zu machen. Dann begegnen uns Menschen, Krisen, Krankheiten, die unsere grundlegenden Glaubenssätze offenbaren.
Unser Schicksal führt uns unweigerlich auf unsere tiefen, grundlegenden Glaubenssätze hin. Wie kann ein praktisches Programm zur Arbeit mit Glaubenssätzen aussehen, das für alle Menschen gilt? Ist das überhaupt denkbar und sinnvoll, da doch die Schicksalsschläge jedes Einzelnen völlig unterschiedlich sind?
Wenn Sie in einer Krise stecken, muss das Programm ja genauso gelten, wie wenn Sie sich derzeit nur generell für das Thema interessieren. Es ist doch ein riesengroßer Unterschied, ob jemand akut unter einer lebensbedrohenden Krankheit leidet,

sein Haus versteigert werden soll oder er eine Partnerkrise hat. Die folgenden Schritte stellen trotzdem einen systematischen Weg dar, unsere Glaubenssätze und damit unser Leben und unser Schicksal zu meistern, den jeder dann nur individuell gehen kann.

Das Leben annehmen und bejahen

Das ist ein Schritt, den Sie praktisch in jeder Therapie finden; darin sind sich alle einig. Dazu muss idealerweise ein höherer Sinn gefunden werden, damit tiefliegende, grundlegende Glaubenssätze nicht blockieren, wenn wir nur oberflächlich aus der Vernunft heraus entschieden haben. Wenn ich keinen Sinn in meinem Leben sehe, wenn mein Glaubenssatz lautet: »Das Leben ist sinnlos«, wie kann ich dann vernünftig sein? Beispielsweise, indem man ein spirituelles Weltbild akzeptiert und dabei erkennt, dass man sich eben selber dieses Lernprogramm ausgesucht hat. Durch Ablehnung würden wir nur gegen die eigene innere Weisheit handeln.

Das eigene Sein akzeptieren

Wenn Sie diesen Schritt schaffen, haben Sie im Grunde bereits mehrere Teile des folgenden Programms durchlaufen. Wir können diesen Schritt aus der Erfahrung einer krebskranken Frau in einen Satz formen: »Verlieben Sie sich in das Leben!«

Ich empfehle Ihnen zum Abschluss noch eine generelle Übung, die die vorhergehende erweitert. Jene bezog sich auf vergangene Erlebnisse, diese hier auf gegenwärtige oder zukünftige.

Übung

Wann immer Ihnen etwas Unangenehmes geschieht, gehen Sie so schnell wie möglich in eine innere Haltung mit der Frage: »So unangenehm mir das jetzt ist: Wozu könnte mir diese unangenehme Situation dienen?«

Geben Sie sich die Zeit dafür. Schreiben Sie sich auf, was Ihnen dazu einfällt. Und hören Sie nicht auf, bis Sie mindestens drei wertvolle Aspekte gefunden haben, wozu Ihnen diese Situation wirklich dienen kann.

So wie Sie mit der vorhergehenden Übung herausgefunden haben, dass Ihnen schmerzvolle Schicksalsschläge wertvolle Erfahrungen für das Leben geschenkt haben, so sicher können Sie sein, dass das auch bei neuen Erlebnissen der Fall sein wird. Statt sich über die Welt und das Leben zu beschweren, können Sie sich also genauso gut dafür bedanken. Es ist Ihre Wahl.

Der grundlegende Mechanismus

Wir haben erkannt, wie unsere Glaubenssätze und daraus unser Leid entstehen. Das Leid, so habe ich behauptet, ist ein Heilmittel, es veranlasst zu lernen. Wenn wir das Leben bejahen, auch unser Leid, können wir sofort mit dem Lernen beginnen, das heißt unser Weltbild ändern. Der König muss herrschen. Er darf nicht beherrscht werden durch unbewusste grundlegende Glaubenssätze.

Unsere grundlegenden Glaubenssätze sind durch Erlebnisse entstanden, durch tiefe emotionale Eindrücke, die sich als logisch gefolgerte Glaubenssätze in uns manifestiert haben. Jetzt sitzen sie zusammen mit den Gefühlen in uns fest. Sie sind teilweise zu starren Dogmen geworden, die es nun zu korrigieren gilt.

Eine Anmerkung für alle spirituell Geschulten: Diese Strukturen sind in unserem EMOTIONALKÖRPER, auch ASTRALKÖRPER genannt, gespeichert. Aus diesem heraus wirken sie dann mit aller Macht als Triebe, als Begierden, als brennende Wünsche. Der Fürst des Fühlens zusammen mit dem Fürsten des Wollens drängt den König ständig dazu, etwas zu tun, was nicht aus seiner königlichen Entscheidung kommt. So werden wir zu Getriebenen.

Der Weg aus diesem Dilemma ergibt sich aus unserer langen Arbeit in all den bisherigen Kapiteln:

> Der König muss sich seines Königtums bewusst werden. Das Ich muss aus dem Bewusstsein heraus die Herrschaft ergreifen.

Das können wir aber nur, wenn wir den Fürsten aktivieren, der uns zur Wahrheit führt: das Denken. Zuerst müssen wir die grundlegenden Glaubenssätze erkennen. Dazu müssen wir uns selber intensiv beobachten, unsere Gedanken, Gefühle und Handlungen. Damit sind wir beim Bewusstsein angekommen: das Ich wird zum Beobachter. Das klare Bewusstwerden dessen, was wir beobachten, erfolgt dann im Denken. Wir müssen dann These und Theorie bilden, die Logik greift mit ein und die Intuition als Wahrnehmungsinstrument. Und jetzt kommt der entscheidende Schritt: Wir müssen eine Handlung setzen, meist eine ganz neue.

Bewusst und entschieden handeln

Aus unserer Erkenntnis heraus müssen wir entscheiden, was zu tun ist, um den grundlegenden Glaubenssatz und das damit verbundene Gefühl zu ändern. Das geht nun nicht mehr auf der Ebene des Denkens, sondern über das Handeln, denn eine neue Handlung erzeugt eine neue Erfahrung und damit ein neues Gefühl. Aus dem »Ich bin nicht liebenswert« wird plötzlich die Erfahrung »Ich werde ja doch geliebt«. In der Folge wird die emotionale Struktur in uns umgewandelt. Das alte Gefühl wird aufgelöst und der neue grundlegende Glaubenssatz wird Realität. Er beschränkt sich dann nicht nur auf das Denken, sondern wird von dem zugehörigen Gefühlsbild begleitet. Das ist der generelle systematische Weg.

Die Handlung ist dabei entscheidend und damit jene Kraft, die wir Willen nennen. Diese Kraft muss bei der Bearbeitung unserer grundlegenden Glaubenssätze sogar am Anfang stehen und ist von entscheidender Bedeutung. Denn der Fürst des Denkens muss vom Fürsten des Willens in Bewegung gebracht werden. Erkennen Sie, wie eng die beiden zusammenarbeiten?

Die 7 Schritte im Glaubenssatz-Veränderungs-Programm

»Jeder Tat geht ein Gedanke voraus.«

Ralph Waldo Emerson

1. Schritt: Ich will

Das ist stets der entscheidende Schritt. Wollen bedeutet, dass Sie etwas erkannt haben und das Erkennen nun umsetzen. Wir brauchen dazu die innere Bereitschaft: »Ja, ich bin bereit, meine falschen grundlegenden Glaubenssätze aufzudecken und zu ändern.«

Solange das auf der mentalen Ebene und auf der Ebene des emotionalen Wünschens bleibt, ist noch nichts erreicht. Wir *wollen* erst, wenn wir *tun*, war unsere Erkenntnis. Unterschätzen Sie diesen Schritt nicht. Er ist der schwerste und meist ist Leid der entscheidende Auslöser, dass wir ihn gehen. Mit diesem Buch will ich beitragen, unnötiges Leid zu vermeiden. Ich habe aber schon erklärt, dass das Leid nicht ganz zu verhindern ist, denn auch die Bewusstseinsarbeit ist anstrengend und daher leidvoll. Nehmen Sie daher diesen Schritt als den entscheidenden, den Sie vielleicht immer wieder neu gehen müssen, weil Sie es noch nicht vollständig konnten. Unterschätzen Sie diesen Schritt nicht!

Dieses »Ich will« ist eine Entscheidung auf geistiger Ebene, ein wirklicher Entschluss. Haben Sie ihn ernsthaft im Geist vollzogen, dann öffnen sich oft plötzlich neue Türen und Sie begegnen Menschen, die Ihnen in Ihrer Situation weiterhelfen. Vertrauen Sie ruhig auf die Intelligenz unseres Universums und auf den Logos tief in Ihnen. »Wo ein Wille ist, da ist auch ein Weg.« Der Volksmund kennt diese Weisheiten. Halten Sie sich vor Augen: Wollen heißt tun.

Entscheiden Sie sich, an Ihren grundlegenden Glaubenssätzen und Ihrem Weltbild zu arbeiten und tun Sie das, indem Sie sich am besten jeden Tag abends in einer Rückschau fragen, ob Sie es wirklich getan haben. Prüfen Sie sich immer wieder, ob Sie wirklich wollen.

Nehmen wir an, jemand leidet an einer chronischen Krankheit. Worin könnte dann dieser erste Schritt bestehen? Nun, in dem Vorsatz und der Tat, das eigene Weltbild in Angriff zu nehmen, nicht mehr nur einfach den Ärzten blind zu vertrauen, sondern herauszufinden, was die eigenen krankmachenden grundlegenden Glaubenssätze sind. Es geht um die Bereitschaft, das eigene Leben anzuschauen, absolut ehrlich gegenüber sich selbst, und es in die Hand zu nehmen. Denn die grundlegenden Glaubenssätze sind da, und sie sind wesentliche Ursachen vieler Krankheiten.

Dazu etwas ganz Wichtiges: In uns lebt das Streben nach Sicherheit. Dieses Streben führt zu einem Verlangen nach Beständigkeit und der Angst vor Veränderung. Unser Weltbild hat uns bisher Sicherheit gegeben, und jede Veränderung macht uns Angst, solange wir nicht grundlegend unser Leben bejahen. Dieser Angst sollten wir uns bewusst sein. Sie ist bei manchen stärker, bei anderen schwächer ausgeprägt. Daher ist dieses »Ich will« die größte Herausforderung. Der echte Entschluss kommt entweder aus großem Leid oder aus dem Bewusstsein. Wir alle können jederzeit entscheiden, den Weg des äußeren Leides zu meiden und den Weg des Bewusstseins zu gehen. Das ist eine wichtige Erkenntnis, die ich Ihnen in diesem Buch mitgeben möchte.

Wir wissen heute aus zahlreichen Untersuchungen, dass wir weniger geneigt sind, unsere Meinung den Tatsachen anzupassen, sondern vielmehr versuchen, die Tatsachen unserer Meinung anzupassen. Das Festhalten am eigenen Weltbild verhindert, dass die Menschen sich mit Tatsachen auseinandersetzen.

Sie biegen sich die Tatsachen irrational zurecht oder ignorieren sie einfach. Das gilt vor allem für die Bereiche Politik, Religion und Moral. Seien wir uns also bewusst, dass wir Menschen so sind. Hier beginnt unsere Bewusstseinsarbeit. Nehmen Sie also den ersten Schritt »Ich will« sehr ernst; er ist nämlich der schwierigste.

Übung

Prüfen Sie an dieser Stelle, wie stark Ihr Wollen in Bezug auf Ihre grundlegenden Glaubenssätze wirklich ist.

2. Schritt: Ich strebe nach Wahrheit und fördere die Liebe zur Wahrheit in mir

»Wer die Wahrheit sucht, sucht Gott, ob ihm das klar ist oder nicht.«

Edith Stein

Entscheidend ist das Wollen auch beim Streben nach Wahrheit: »Ja, ich will die Wahrheit wissen, die Wahrheit suchen.« Wir leiden meist nur, weil wir unangenehme Wahrheiten nicht akzeptieren wollen. Sie haben aber gesehen, dass nur der Weg der Wahrheit uns frei macht und uns vom Leiden erlöst. Wenn Sie das verinnerlicht haben und danach streben, haben Sie einen entscheidenden Schritt vollzogen. Dieser Schritt ist wieder »ganz einfach, aber nicht leicht«. Denn es sind gerade unsere inneren grundlegenden Glaubenssätze, die uns genau daran hindern. Dieser zweite Schritt gehört im Grunde auch zum Wollen und ist damit eine Erweiterung des ersten.

Wenn Sie Wahrheit anstreben, was sind Sie dann? Sie sind Wissenschaftler! Wir haben erkannt, was Wissenschaft bedeutet. Es ist eine heilige Kraft in uns. Sie repräsentiert den Geist der Wahrheit. Und wenn Sie nach Wahrheit streben, dann sind Sie in Ihrer geistigen Einstellung echter Wissenschaftler. Dann kennen Sie kein Dogma von außen und vor allem kein Vorurteil. Die Bewusstseinsschulung im Geiste der Wahrheit bedeutet, permanent darauf zu achten, nicht in ein Vorurteil zu verfallen. Dieser Schritt bedeutet aber auch, dem Geist der Wahrheit *in* Ihnen zu vertrauen, ihn genauer kennenzulernen und zu achten. Der Geist der Wahrheit ist der große Heiler in Ihnen. Das sagen uns alle weisen Menschen. Die Wissenschaftler haben jedoch oft vergessen, welchem Geist sie eigentlich dienen wollen. Viele meinen sogar, sie hätten diesen Geist selbst hervorgebracht. Diesen Geist haben wir aber als großes Geschenk bekommen. Von wem?

Diese Frage können Sie sich selber beantworten, denn Sie tragen den Geist der Wahrheit in sich. Niemand anders als Sie selbst kann Ihnen diese Frage besser beantworten. Fühlen Sie hin und denken Sie intensiv nach. Dann werden Sie sich selber die Antwort geben können. Und Sie werden es dann auch *wissen*, nicht nur glauben.

Übung

Wann immer Sie in der Situation sind, dass Sie Konflikte klären müssen, Krankheiten meistern, Glaubenssätze herausfinden wollen, weil Sie immer wieder auf dieselben unangenehmen Erlebnisse stoßen: Prüfen Sie, ob Sie wirklich bereit sind, der Wahrheit ins Gesicht sehen zu wollen.

Der Film »Und täglich grüßt das Murmeltier« kann Ihnen hier ein wunderbarer Leitfaden sein.

3. Schritt: Ich finde mein grundlegendes Weltbild mit tiefen Glaubenssätzen heraus und überprüfe es

Im Abschluss dieses Buchs habe ich eine Systematik für die Unterscheidung der wichtigsten Weltbilder erstellt. Ich habe Ihnen dabei – aus meiner Sicht – aufgezeigt, welches Weltbild ich derzeit als das wissenschaftlich fundierteste halte, weil es die geistige Welt einbezieht. Sie haben verstanden, dass Ihre grundlegenden Glaubenssätze als Wurzeln den gesamten Baum Ihres Weltbilds bestimmen. Sie haben auch verstanden, dass es nur *eine* Wahrheit gibt – allerdings viele verschiedene Perspektiven – und damit auch nur ein Weltbild, das der Wirklichkeit entspricht.

Sie haben das Recht, jede Meinung zu haben. Darin liegt die Freiheit Ihres Geistes. Sie wissen jetzt aber auch, wie man zwischen Meinung und Wahrheit unterscheidet. Und Sie entscheiden, ob Sie die Wahrheit für sich finden wollen. Sie haben erkannt, dass Ihre Freiheit darin liegt, Ihre grundlegenden Glaubenssätze zu wählen.

Durchlaufen Sie also diese Systematik, prüfen Sie alles, was ich sage, auf Herz und Nieren und treffen Sie dann Ihre bewusste Entscheidung, mit welchem Weltbild Sie zunächst weiterarbeiten wollen, um sich selbst und die Welt zu verstehen. Sie sind der König und entscheiden, mit welchen Gesetzen Sie Ihr Reich regieren wollen. Ihre Fürsten dienen Ihnen dabei. Lassen Sie sich aber nicht von ihnen bestimmen!

Das Prüfen und Entscheiden kann längere Zeit in Anspruch nehmen, denn niemand ändert so schnell sein eigenes Weltbild. Sie haben in diesem Buch alle Werkzeuge erhalten, um dies tun zu können. Geben Sie sich Zeit dafür und prüfen Sie immer wieder Ihre Gedanken und Gefühle. Es geht nicht darum, dass

Sie nur intellektuell Ja sagen, Sie sollen wirklich *spüren*, dass Sie sich für eine Wahrheit entschieden haben. Hier spielt auch der Fürst des Fühlens eine wichtige Rolle. Überprüfen Sie Ihre Wahl aber auch mit Ihren Handlungen.

Wenn Sie diesen dritten Schritt vollziehen, haben Sie bereits mehr getan, als wenn Sie alle Bücher über Glaubenssätze lesen und anwenden. Denn Ihr ganzes Weltbild mit den Tausenden von Glaubenssätzen hängt nur von wenigen wirklichen, grundlegenden Glaubenssätzen ab, den Axiomen. Es ist meist nur ein einziger Satz, den Sie ändern müssen.

Unterschätzen Sie diesen Schritt nicht. Denn in Ihnen wirken Kräfte, die sich gegen jede Veränderung wehren und nicht wollen, dass Sie die Wahrheit erkennen oder die geistige Welt anerkennen. Daher fällt dieser Schritt vielen Menschen so schwer, und manche von ihnen, darunter sogar brillante Wissenschaftler, sind nicht in der Lage, ihn zu gehen.

4. Schritt: Ich strebe nach Selbsterkenntnis, Erkenntnis der Welt und studiere dazu das Wissen von der geistigen Welt

Dieser Schritt ist so detailliert ausgeführt, weil die klare Erkenntnis besteht, dass alles von unserem Weltbild ausgeht und mit einem anderen Weltbild sich so viele Glaubenssätze, abgeleitete wie grundlegende, auflösen. Das, was einem vorher Angst gemacht hat, macht einem dann plötzlich keine Angst mehr – nur weil man die Welt besser versteht, sie durchschaut. Nur das Unbekannte macht uns Angst. Das Unbekannte, die Unwissenheit und die Unaufmerksamkeit lassen uns Fehler machen. Wenn Sie sich mit den spirituellen Hintergründen der Welt in klarer wissenschaftlicher Weise befassen, wird sich Ihr Leben grundlegend ändern! Denn Sie legen eine andere Basis für Ihr Weltbild.

Die Wissenschaft vom Geist

Befassen Sie sich mit der SPIRITUELLEN WISSENSCHAFT, der Wissenschaft vom Geist, der Geist-Wissenschaft, wenn Sie Antworten suchen. Denn diese Wissenschaft gibt uns Antworten auf die fundamentalen Fragen unserer Existenz. Sie finden diese Wissenschaft vor allem in den Werken Rudolf Steiners, der die Erkenntnis der geistigen Welt ANTHROPOSOPHIE genannt hat. In einzelnen Aspekten finden Sie vieles bei anderen Geist-Wissenschaftlern wieder.

Die Wissenschaft vom Geist umfasst auch die alte und erste Wissenschaft der Logik, die Sie tagtäglich anwenden. Pflegen Sie also logisches Denken. Es werden auf diese Weise unglaublich viele Glaubenssätze verschwinden, denen Sie ansonsten viel Raum und Zeit Ihres Lebens widmen müssten.

Das Ziel meines Buches ist es, Ihnen vor allem mit dem letzten Kapitel bewusst zu machen, dass es eine geistige Welt mit Gesetzen der Entwicklung gibt, die unser Leben bestimmen. So wie es die Gesetze der Jahreszeiten gibt, die wir nicht umgehen können, gibt es auch geistige Jahreszeiten. So wie wir die Gesetze unseres Landes kennen müssen, bleibt uns auch nichts anderes übrig, als die hinter der Materie liegenden Gesetze einer für uns ungemein wichtigen Welt kennenzulernen. Das erscheint mir die Zukunftsaufgabe für uns alle.

Selbst-bestimmt handeln

Ich habe Ihnen das alles nahegebracht mit dem Hinweis auf die Macht *Ihres* Denkens. Entscheiden Sie selbst. Glauben Sie mir nicht blind, glauben Sie niemandem, außer der Kraft des Geistes in Ihnen. Ich habe Ihnen aufgezeigt, wie Sie sich selbst glauben können. Ich will, dass Sie Ihr Königtum annehmen. Und mit dieser Kraft Ihres Geistes der Wahrheit müssen Sie alle diese Empfehlungen prüfen. Das ist *Ihre* Arbeit.

5. Schritt: Ich suche nach Erkenntnis spezieller Glaubenssätze

Machen Sie diesen Schritt, wenn Sie aufgrund einer akuten Konfliktsituation eine Notwendigkeit darin sehen; wenn Sie mit Ihrem Job unzufrieden sind, mit Ihrer Partnerschaft, mit Ihrer finanziellen Situation, mit Ihren Kindern, mit Ihrer Gesundheit. Oder machen Sie ihn, wenn Sie einfach Lust dazu haben, weil Sie sich selber erforschen wollen. Wie aber soll das denn gehen?

Suchen Sie nach Ihren versteckten grundlegenden Glaubenssätzen, wie ich es zu Beginn im Kapitel mit unserer Bewusstwerdungs-Übung empfohlen habe. Streben Sie also nach den ganz konkreten Erkenntnissen, nach dem Schlüsselsatz für Ihre Thematik. Setzen Sie dabei das kleine Notizbüchlein ein. Beobachten Sie sich, wenn Sie denken und wenn Sie sprechen, und lassen Sie sich Hinweise von Ihren Freunden geben. Sobald Ihnen ein grundlegender Glaubenssatz auffällt, den Sie gerade gedacht oder gesprochen haben, schreiben Sie ihn in das Büchlein. Meistens treten unsere Glaubenssätze zutage, wenn wir sprechen.

Bitten Sie daher auch Ihre Bekannten, Sie darauf aufmerksam zu machen, wenn ihnen ein Glaubenssatz bei Ihnen auffällt. Wir überhören nämlich meistens das, was wir selber sagen. In dem Moment, da Ihnen bewusst wird: »Hoppla, da habe ich aber einen interessanten Satz gesagt«, sind Sie in Ihrem Ich, in Ihrem Bewusstsein. Der König ist dann präsent. Erst dann können Sie prüfen und ändern.

Anregungen von außen annehmen

Die anderen sind ein wunderbarer Spiegel für uns. Wir müssen allerdings den Mut haben in diesen Spiegel hineinzuschauen, auch wenn uns zuerst nicht gefällt, was wir da sehen. Diesen

Schritt sollten Sie nur tun, wenn Sie die Schritte 1 und 2 vollzogen haben. Denn solange Sie nicht nach Wahrheit streben, werden Sie keine Kritik vertragen und Ihre Glaubenssätze überhaupt nicht hören wollen.

Nehmen Sie es Ihren Freunden nicht übel, wenn sie Ihnen die Wahrheit sagen. Sie sollten wissen, dass gute Freunde oder Partner die besten Spiegel bzw. Sparring-Partner sind. Das gilt übrigens auch für Personen, die wir stark ablehnen, unsere »Feinde«. Diese offenbaren uns ebenso unsere Glaubenssätze. Das ist übrigens wieder ein grundlegender Glaubenssatz von mir, den Sie bitte nicht einfach nur hinnehmen, sondern gut überprüfen sollten.

Eine weitere hervorragende Übung besteht darin, selber aufmerksam hinzuhören, welche Glaubenssätze andere Menschen äußern. Sie werden sich wundern, wie viele grundlegende Glaubenssätze Ihnen bei diesen Personen auffallen werden. Sie können aber sicher sein, dass Sie ebenso viele Dinge erzählen, ohne sich dessen bewusst zu sein. Daher ist diese Methode auch gut, um Ihre eigenen Glaubenssätze herauszufinden.

Die an folgendem Beispiel gezeigte Systematik können Sie ebenfalls verwenden. Sie kennen Sie bereits teilweise aus diesem Buch.

Fallbeispiel

Zwei Freundinnen, Maria und Susanne, haben jeweils eine kleine Tochter. Eines Tages sind die beiden zusammen bei Maria. Maria regt sich fürchterlich darüber auf, dass ihre Tochter ihr Zimmer nicht aufgeräumt hat. Einige Tage später sind sie bei Susanne. Deren Tochter hat ebenfalls ein unaufgeräumtes Zimmer, die Spielsachen liegen überall verstreut auf dem Boden. Doch Susanne regt sich überhaupt nicht darüber auf. Die beiden Freundinnen kommen ins Gespräch. Maria wundert sich, dass sich Susanne nicht aufregt.

Erinnern wir uns: Unsere Sympathien und Antipathien sind unsere persönlichen Reaktionen auf die Welt. Sie haben nichts mit der Wahrheit über äußeres Geschehen zu tun. Sie sagen nur etwas über unsere eigene Gefühlswelt aus – und damit auch über unsere Glaubenssätze. Hier zeigt sich, dass die beiden Frauen ganz offensichtlich ein unterschiedliches Weltbild und verschiedene Glaubenssätze haben.
Maria meint: »Das Kind muss lernen, sein Zimmer sofort wieder aufzuräumen.« Sie sagt dann noch in einem Nebensatz: »Das regt mich sonst auf.« Susanne erwidert: »Ich bin da anderer Meinung. Das Kind braucht nicht aufzuräumen, solange es sein Spiel nicht beendet hat, auch wenn es mal mehrere Tage dauert.«
Da erkennen die beiden, dass sie unterschiedliche Weltbilder haben. Sie fragen sich, wer denn nun recht hat und was am besten für ihre Kinder ist. Sie sehen, es tauchen genau die Fragen auf, die wir uns auch gestellt haben. Gibt es eine generelle Wahrheit dazu oder ist alles nur von der Situation oder dem Kind abhängig?

Die Wurzeln erkennen

Die beiden überlegen, woher ihre Meinungen kommen. Maria erinnert sich plötzlich: »Mensch, das hat doch meine Oma immer gesagt!« Ihre Oma war eine wichtige Autorität für Maria, und von ihr stammt der Satz: »Kinder müssen lernen, ihr Zimmer sofort wieder aufzuräumen.« Maria wird bewusst, dass dieser Satz überhaupt nicht aus ihrer eigenen Erkenntnis kommt, sondern einfach übernommen wurde. Der König hat vergessen, dass er der König ist.
Dann erinnert sich Susanne an ihre Mutter, die sie immer hat zu Ende spielen lassen und meinte, dass Kinder erst dann das Zimmer aufräumen müssten. Auch sie erkennt, dass dieser Satz in ihr von ihrer Mutter stammt.

Konflikte als Auslöser

Erkennen Sie nun Ihre Aufgabe? Der erste Schritt in der Wissenschaft ist immer die Beobachtung. Für das Erkennen unserer grundlegenden Glaubenssätze müssen wir unser Denken beobachten. Der König muss aktiv werden und sehen, was in seinem Königreich überhaupt geschieht. Wahrnehmen, Beobachten ist daher der erste zentrale Schlüssel zum Erkennen unserer Glaubenssätze.

Die beste Gelegenheit dazu bieten Konfliktsituationen. Wenn wir uns beleidigt oder verletzt fühlen, dann seien Sie bereit, Ihren König zu aktivieren. In solchen Situationen gilt es innezuhalten. In dem Moment, da Sie beispielsweise wütend werden und sich dieser Wut bewusst sind, sind Sie in Ihrem Ich. Jetzt können Sie bewusst handeln, und zwar anders als sonst. Beobachten Sie zunächst nur Ihren Körper. Er zeigt Ihnen die Wirkung Ihrer Gefühle. Das ist der erste Schritt, den man allgemein als »Aufmerksamkeit« bezeichnet, in der buddhistischen Tradition »Achtsamkeit« genannt. Sie nehmen Kontakt mit sich selbst über Ihren Körper auf. Er zeigt Ihnen, was los ist. Hinter den körperlichen Reaktionen stecken Gefühle.

Wenn Sie diesen ersten Schritt vollziehen und nur beobachten, spüren und fühlen, werden Sie bemerken, dass der Ärger verschwindet. Denn Sie gehen mit der Aufmerksamkeit weg von dem Problem, von der Situation. Sie gehen in Ihr Ich, und dieses kennt kein Beleidigtsein und keinen Ärger. Es kennt nur unser Fühlen. Das Ich betrachtet bei diesem Schritt seine eigene seelische Struktur, wird sachlicher, nüchterner Beobachter, der nur fragt: »Was ist da los?« Das ist auch der erste Schritt in der Wissenschaft, wie wir gelernt haben. Unser Ich, Sie selbst, sind Wahrheitssucher und daher Wissenschaftler.

In dem Moment, da wir nur beobachten, gehen wir in unser Ich und werden daher emotional neutral. Wir sagen in der Spirituellen Wissenschaft auch: Wir gehen aus unserem Emotionalkörper, aus dem Astralkörper heraus, in das Ich hinein. Das ist der korrekte spirituelle Ausdruck. Mit dem reinen konsequenten Beobachten werden wir Zeuge der Gefühle. Damit aber verlieren diese Gefühle ihren Einfluss auf uns.

In die innere Tiefe blicken

Hinter den Gefühlen stecken aber grundlegende Glaubenssätze. Diese gilt es nun zu finden. Im zweiten Schritt wenden Sie sich daher an Ihre Intuition, indem Sie sich selbst die Frage stellen: »Welcher Glaubenssatz zeigt sich hier?«

Erwarten Sie nicht sofort eine Antwort. Es kann sogar sein, dass Sie sich an einen erfahrenen Coach oder Therapeuten wenden müssen, um den Glaubenssatz ans Licht des Bewusstseins zu bringen, wenn die von mir beschriebene systematische Bewusstwerdungs-Übung nicht zum Erfolg führt. Wichtig ist nur, dass Sie den Glaubenssatz finden *wollen*. Es kann aber auch sein, dass Sie sehr schnell eine Antwort aus sich selber bekommen. Die Antwort kommt aus Ihrem eigenen Geist. Oder Sie bekommen eine Antwort von Freunden oder aus einem Buch. Das kann ganz plötzlich geschehen, weil Sie nämlich offen sind, die Frage gestellt haben, ernsthaft eine Antwort wollen und daher aufmerksam sind.

Bei Maria war es der Satz: »Kinder müssen lernen, ihr Zimmer sofort wieder aufzuräumen.«

Jetzt wissen wir aber, dass hinter dem Glaubenssatz eine frühere Erfahrung steckt, die mit Gefühlen verbunden ist. Also lautet die nächste Frage: »Woher kommt denn der Glaubenssatz? Was steckt dahinter?«

In Ihnen sind alle Erfahrungen gespeichert, und plötzlich treten Erinnerungen ins Bewusstsein, Szenen, in denen Sie beleidigt, gekränkt, gehänselt wurden, in denen Ihr Selbstwertgefühl reduziert wurde. Sie erinnern sich an Ereignisse und Worte und Ihnen wird bewusst, woher Ihr Glaubenssatz kommt und wie er in Worte zu fassen ist. Bei Maria war es die Oma, die weiter als Stimme in ihr wirkte. Erst mit dem Erkennen der Oma in ihr kann sie nun beginnen, ihr Königtum anzunehmen.

Eindeutige Erkenntnis

Das ist ein Beispiel für die Entstehung unserer grundlegenden Glaubenssätze und der daraus resultierenden Verhaltensmuster, die uns immer wieder in ähnlich gelagerte Probleme mit Partnern, Kindern oder Kollegen bringen. In diesem Schritt setzen wir dann unsere Logik ein und unser Wahrheitsgefühl. Wir prüfen logisch nach, ob die innere Stimme in uns zu einem stimmigen Ergebnis kommt und spüren in uns hinein, was das Herz sagt. In praktisch allen Fällen fällt es den Betroffenen wie Schuppen von den Augen und sie fühlen und wissen sofort, dass das die Wahrheit ist.

In anderen Fachbüchern sind diese Mechanismen mit Begriffen wie Bauchgefühl, Resonanz, Quantenfeld oder Bewusstseinsfeld beschrieben. Diese Begriffe kommen aber nicht aus der Wissenschaft vom Geist, sondern sind anderen Wissenschaften entnommen. Damit fehlt uns darin eine gewisse wissenschaftliche Klarheit.

Es gibt einen noch tieferen Hintergrund, der nur aus einem spirituellen Weltbild zu verstehen ist. Bis zu diesem Schritt brauchen wir ein solches Weltbild nicht. Daher gibt es auch viele erfolgreiche Trainer, Coaches und Therapeuten, die ohne ein spirituelles Weltbild auskommen und sehr gut helfen können, grundlegende Glaubenssätze zu meistern. Ich will mit Ihnen aber einen Schritt weitergehen, weil all diese Methoden zwar das Ich einsetzen, es aber nicht ins Bewusstsein bringen. Der König wird sich da noch nicht wirklich seiner selbst bewusst. Das jedoch ist für mich der entscheidende Schritt. Denn erst dieser Schritt bringt Sie zu wahrer Meisterschaft, zu Ihren

innersten Lebenszielen, zu dem, was Sie nicht nur an äußerem Erfolg, Glück und Wohlstand wollen, sondern was Sie *vor allem* in Ihrem Leben wollen, was Ihre großen Entwicklungsschritte sind, die Sie sich vorgenommen haben.
Erkennen Sie, dass wir hier wie Wissenschaftler vorgehen? In den Schritten 1–5 haben wir exakt beobachtet und wahrgenommen. Wir haben dabei unseren Körper, unsere Gedanken und unsere Gefühle wahrgenommen. Wir sind auf einen grundlegenden Glaubenssatz und seine Ursache gestoßen und haben das als eine These formuliert. Das haben wir alles mit Fragen gemacht und dem Einsatz unserer Intuition und der Logik. Was wir noch nicht wissen, ist, ob der Glaubenssatz richtig ist oder nicht und wie wir ihn ändern. Der König muss seine Gesetze noch prüfen und gegebenenfalls ändern.
Die beiden Teilschritte in Schritt 5 haben allerdings schon eine extreme Wirkung. Die Erkenntnis, also die Wahrnehmung eines grundlegenden Glaubenssatzes, ist bereits ein mächtiger Heiler. Von diesem Moment an beginnt bereits die Heilung unseres Glaubenssatzes, *wenn* es ihn zu heilen, also zu korrigieren gilt. Daher sind die Schritte der Beobachtung und der Erkenntnis die entscheidenden. Sie erfordern Willen und den Schritt ins Ich. Ohne diesen Schritt fehlt das Wesentliche. Man verbleibt im Fürstentum des Fühlens, des Astralkörpers, und kommt noch nicht wirklich auf die höhere Ebene des Königs.

6. Schritt: Ich überprüfe meine grundlegenden Glaubenssätze und Einstellungen

Überprüfen heißt in Frage stellen. Unter Punkt 5 haben wir im Prinzip einen Teil der Überprüfung bereits behandelt. Jetzt geht es um eine generelle Vorgehensweise. Beim Gespräch in einer Gruppe zu geistigen Themen habe ich darauf hingewiesen, dass ständig Dinge gesagt werden, ohne sich der Aussagen bewusst zu sein und ohne dass man sie geprüft hätte. Daraufhin meinte eine Frau aus der Gruppe: »Das ist aber anstrengend, wenn man das alles ständig prüfen muss. Das ist mir zu schwierig.« Ich habe geantwortet, dass sie mit dem ersten Satz völlig recht habe und dass der zweite Satz ihre ganz persönliche Entscheidung sei. Das Leben ist anstrengend, und ohne Anstrengung kann man nichts erreichen. Das heißt aber nicht, dass wir uns anstrengen *müssen*. Es ist unsere freie Entscheidung, ob wir uns weiterentwickeln *wollen*. Aber auch die These, dass Entwicklung nur über Anstrengung möglich ist, bitte ich Sie zu prüfen. Und damit sind wir genau beim Thema. Diese Übung des permanenten Prüfens unserer Vorstellungen ist notwendig und ständig anzuwenden. Sie ist auch nicht meine Erfindung, sie ist der erste Schritt in der Geistesschulung des Buddha. Er lehrte in seinen ACHT EDLEN WAHRHEITEN als erste Wahrheit: Prüfe alles, was du denkst, und schaue genau, woran du glaubst.

Zu dieser Übung gehört auch der kritische Umgang mit allen Experten und ihren Aussagen, wie es im Kapitel über die Wissenschaft ausgeführt wurde. Sie haben die Kompetenz zu hinterfragen, zu überprüfen, und können sie mit diesem Buch schulen. Aussagen dürfen wir nicht einfach übernehmen, nur weil sie uns vielleicht munden, also in unser Weltbild passen und wir uns durch sie bestätigt fühlen. Wir dürfen sie auch nicht einfach übernehmen, weil sie von Experten stammen oder weil wir zu bequem sind, sie zu überprüfen. Seien Sie wach und kritisch! Es gibt viele Beispiele von Aussagen, die von Experten als Wahrheiten dargestellt werden, jedoch nur völlig falsche Meinungen sind, weil sie nur eine Teilsicht, einen Ausschnitt berücksichtigen.

Susanne und Maria stehen nun vor der Aufgabe herauszufinden, welcher ihrer Glaubenssätze der richtige ist. Verlässliche Aussagen bekommen wir nur aus der Wissenschaft;

Susanne und Maria müssten also Fachleute aufsuchen, die hier wirklich Bescheid wissen. Das Problem dabei ist, dass es dafür keine einheitliche Wissenschaft gibt, auch nicht die Pädagogik, die beim Kind Geist und Seele berücksichtigt. Solange aber keine Wissenschaft vom Geist verfügbar ist oder verwendet wird, bleiben alle Aussagen empirisch, also allein durch Erfahrung geprägt und damit im Stadium der Vorwissenschaftlichkeit, wissenschaftlich nicht bestätigt.

Einen anderen Weg als Fachwissen an die Hand zu bekommen und auf dieser Basis Entscheidungen zu treffen, kann es im Grunde nicht geben. Solange wir aber solche Fachleute nicht zur Hand haben, bleibt uns nichts anderes übrig, als aus uns selbst heraus zu handeln. Damit sind wir beim nächsten Schritt, dem Tun, angelangt.

7. Schritt: Ich ändere meine Glaubenssätze und Einstellungen durch Handlung und Reflexion der Handlung

Betrachten wir ein weiteres Beispiel: Eine Frau will unbedingt ein Kind haben. Sie will dem Kind aber auch das bieten, was sie unter einer heilen Familie versteht, also braucht sie auch einen entsprechenden Mann dazu. Dieser Kinderwunsch treibt sie immer wieder in Beziehungen, aber die Männer schrecken zurück, weil sie spüren, dass es der Frau gar nicht um sie geht. Die Frau wiederum fühlt sich zurückgestoßen und nicht geliebt. Erneut treffen wir hier auf den grundlegenden Glaubenssatz: »Ich bin nicht liebenswert.« Hinter dem Wunsch der Frau steckt eine schreckliche Kindheit mit Missbrauch. Sie will daher selber eine heile Familie haben und ihrem Kind eine solche bieten. Der brennende Wunsch ist also aus einem Trauma entstanden, der sie so triebhaft handeln lässt, dass alle Beziehungen scheitern. Der grundlegende Glaubenssatz aus der

Kindheit, dass sie nicht liebenswert ist, wird dadurch noch verstärkt. Eine negative Erlebnisschleife, ein Teufelskreis entsteht. Aber wozu? Damit der König sich endlich seiner selbst bewusst wird!

Hier wie bei so vielen tiefen Glaubenssätzen stoßen wir auf unsere inneren Triebkräfte und Wünsche. Gerade das emotionale Element ist entscheidend, dass er entsteht und so stark ist. Hier hat der Fürst des Fühlens den König im Griff. Was kann diese Frau also tun?

Es folgt der logische nächste Schritt des Handelns. Das emotionale Muster hinter unserem grundlegenden Glaubenssatz muss verändert werden, und das geht nur durch Handlung.

Es ist übrigens spannend, dass die moderne Epigenetik genau das herausgefunden hat. Unsere inneren Programme werden nämlich auf der Zellebene als chemische Muster gespeichert. Diese chemischen Muster können aber nur durch neue Programme im Denken und Fühlen geändert werden. Genau das ermöglicht dieser wesentliche siebte Schritt. Das bedeutet Heilung bis in den Körper hinein, bis ins Zellgedächtnis. Dieses Wort ist so wunderbar, weil es uns aufzeigt, dass in unserem Körper alle Glaubenssätze wie in einem Spiegel abgebildet, abgespeichert sind. Daher können wir unseren grundlegenden Glaubenssatz auch als körperliche Krankheit erleben – und seine Korrektur als Heilung des Körpers.

Durch Handlung umprägen

Jetzt also kommen wir zur Handlung selbst, zum Umprogrammieren des grundlegenden Glaubenssatzes. Egal, ob wir uns vorher sicher waren, was zu tun ist oder nicht, jetzt geht es um das Handeln, um unseren Willen. Jetzt kommt das Experiment, das wir aus der Wissenschaft kennen: Der neue grundlegende Glaubenssatz wird getestet. Ihren Willen haben Sie bereits eingesetzt. Denn um die obigen Schritte vollziehen zu

können, müssen Sie die Bereitschaft haben, sich selber zu beobachten und innezuhalten. Und das erfordert Aufmerksamkeit, die nur durch Willenskraft erreicht wird. Erkennen Sie wieder die große Bedeutung des ersten Schrittes »Ich will«?
Wie aber kommen Sie nun zur äußeren Handlung? Indem Sie zuvor erkannt haben, dass dieser Schritt sinnvoll ist. Sie müssen das Denken bereits eingesetzt haben, um Ihr Motiv zu bilden. Dieser Schritt, über das Leben nachzudenken, entsteht, wie wir gesehen haben, meistens aus Leid. Ich habe Ihnen in diesem Buch aufgezeigt, dass es noch einen anderen Weg gibt, nämlich den über das Bewusstsein. Gehen Sie verstärkt diesen Weg und verhindern Sie dadurch Leid!
Susanne und Maria sind auf verschiedene Expertenmeinungen gestoßen, die ihnen aber nicht weiterhelfen: Die einen sagen, die Kinder müssten Disziplin lernen, die anderen meinen, das Spiel sei wichtiger. Es bleibt ihnen nun nichts anderes übrig, als die richtigen Erkenntnisse durch das Tun herauszufinden. Sie probieren es mit ihren beiden Mädchen aus. Maria lässt ihre Tochter länger spielen, ohne dass sie das Zimmer aufräumen muss. Susanne ist mit ihrer Tochter strenger. So finden sie nach und nach heraus, was für ihr jeweiliges Kind gut und richtig ist.
Das ist ein Beispiel für die Entstehung unserer Glaubenssätze und unserer daraus resultierenden Verhaltensmuster, die uns immer wieder in ähnlich gelagerte Probleme mit Partnern, Kindern oder Kollegen bringen. In diesem Schritt setzen wir dann unsere Logik ein und unser Wahrheitsgefühl. Wir prüfen logisch nach, ob eine solche innere Stimme in uns Sinn macht, und spüren in uns hinein, was das Herz sagt. Dabei spielen natürlich auch Wissen und praktische Erfahrung hinein.
Diese zusammen ergeben ein praktisch »wissenschaftliches« Urteil, weil es von unseren eigenen persönlichen Emotionen und Glaubenssätzen unabhängig nur zum Wohle des Kindes entstanden ist. Und darum geht es.

Veränderungen sind einfach, aber nicht leicht

Was aber macht die Frau mit ihrem brennenden Kinderwunsch? Sie hat ihre Situation erkannt und den grundlegenden Glaubenssatz, dass sie nicht liebenswert sei und die Partner sie daher immer verlassen. Sie weiß nun, dass sie eine falsche Vorstellung von Liebe hat, und sie ihre Partner deswegen gar nicht wahrgenommen hat.

Sie beginnt, behutsam ihren Kinderwunsch hintanzustellen, jedoch nicht zu verdrängen. Sie lässt sich auf den Partner ein, beginnt erst einmal damit, ihn zu verstehen. Dabei stellt sie fest, dass sie auf den Kinderwunsch verzichten kann, weil sie wirklich lieben will und es auch tut. Innerhalb kürzester Zeit verändert sich dadurch auch das Verhalten des Partners. Die Frau erlebt plötzlich, dass sie doch geliebt wird und liebenswert ist.

Durch ihre immer wiederkehrende Handlung – sie spricht überhaupt nicht mehr von einem Kinderwunsch, lässt den Mann völlig frei, drängt ihn nicht mehr – verändert sich langsam ihr Gefühlsleben. Der grundlegende Glaubenssatz löst sich nicht auf, sondern erscheint auf der Pinnwand 2 mit den erkannten Irrtümern. Auf der Pinnwand 1 erscheint dafür der neue grundlegende Glaubenssatz als wahre, geprüfte Aussage: »Ich *bin* liebenswert.« Langsam verschwindet das alte Gefühlsmuster, ebenso einige Probleme, die mit diesem Muster offensichtlich verbunden waren. Der Erfolg stellte sich ein, weil die Frau über längere Zeit konsequent diese Handlung gesetzt und auch nach Rückschlägen nicht aufgibt, sondern beharrlich an ihrer Einstellung, also dem Denken und dem Gefühl, arbeitet.

Hier wird wieder klar: Sie können Ihre grundlegenden Glaubenssätze nur ändern, wenn Sie sie aus Ihrem vollen Ich-Bewusstsein heraus erkannt und dabei Ihren geänderten Glaubenssatz auch auf emotionaler Ebene erfasst haben. Prüfen Sie sich daher anhand Ihrer Gefühle und denken Sie daran, dass diese eine traumartige Qualität besitzen und uns nur im Denken bewusst werden können.

Konsequente Beharrlichkeit führt zum Ziel

Wann immer Sie entdecken, dass Sie in Ihr altes Muster zurückgefallen sind, heißt das, dass der grundlegende Glaubenssatz noch nicht endgültig überwunden ist. In diesem Moment des Bewusstwerdens ersetzen Sie den alten Glaubenssatz sofort wieder durch den neuen und prüfen sich auf emotionaler Ebene. Durch dieses Training verändern Sie die Struktur in Ihrer Seele, die in diesem grundlegenden Glaubenssatz steckt und die Sie sich meist über lange Zeit hinweg geschaffen haben. Der grundlegende Glaubenssatz ist verankert in Ihrem Emotionalkörper und muss dort transformiert werden. Das ist ein Prozess, der manchmal längere Zeit benötigt, aber auch sehr schnell gehen kann, wenn Sie die Wirkweise von Glaubenssätzen wirklich verstanden haben. Dieses »Verstehen« geht über den Verstand hinaus. Es setzt Verstand, Vernunft, Logik, Bewusstsein, Gefühl und das Ich ein und lebt dann real in Ihnen, wie zuvor der alte grundlegende Glaubenssatz real in Ihnen, in Ihrem emotionalen Körper gelebt hat. Daher werden wir das, was wir glauben! Unsere grundlegenden Glaubenssätze bestimmen unsere Zukunft, sogar unsere fernere Zukunft, denn sie sind reale Kräfte im Geistigen.

In dem Moment, da ein Mensch den Zusammenhang seiner jetzigen Krisensituation mit den dargelegten Gesetzen des Schicksals versteht, beginnt bereits die Heilung, und so gilt: »Erkenntnis ist der größte Heiler.«

Das Verändern der grundlegenden Glaubenssätze beginnt also bereits mit den ersten Schritten aus dem vorgeschlagenen System zur Meisterung unserer Glaubenssätze. Sie haben bereits damit begonnen und daran gearbeitet, indem Sie dieses Buch durchgelesen und die Übungen ausgeführt haben. Wenn Sie wirklich danach gearbeitet haben und wenn Sie die in diesem Buch dargelegten Erkenntnisse annehmen konnten oder sogar Fehler darin gefunden haben, dann haben Sie einen bedeutenden Schritt vollzogen. Sie sind bewusst in Ihr Ich eingetreten und haben so den König aktiviert. Und das ist die Basis für jedes erfolgreiche Arbeiten an Glaubenssätzen und auch für jede Form von Heilung. Der Heilungsprozess muss immer Erkenntnis bewirken bzw. die Erkenntnis muss dem Heilungsprozess vorausgehen. So können wir die Krankheit selber als einen Heilungsprozess sehen und nicht nur als eine unangenehme, lästige und nicht notwendige Begleiterscheinung unseres Lebens.

Der wichtige erste Schritt

Dieses systematische Programm in sieben Schritten ist eine Feedback-Schleife. Sie beginnt immer wieder von vorn beim Wollen. Wenn wir feststellen, dass wir unser Thema, unseren Glaubenssatz noch nicht gelöst haben, beginnen wir wieder bei der Frage: Will ich wirklich? Und glauben Sie mir: Das ist nicht so einfach, wie das folgende Beispiel zeigt:

Eine Frau mit großen gesundheitlichen Problemen, die sich nur auf Krücken oder im Rollstuhl bewegen konnte, hatte bereits eine Fülle von Familienaufstellungen hinter sich. Ihre Probleme hatten sich dabei in keiner Weise gebessert. Warum nicht? In einem kurzen Gespräch mit ihr stellte sich heraus, dass sie einen tief sitzenden, grundlegenden Glaubenssatz in sich trug, der ihr überhaupt nicht bewusst war: »Ich darf nicht gesund werden, weil ich dann die Liebe und Zuneigung von außen nicht mehr bekomme. Wenn ich gesund bin, verliere ich diese Zuneigung wieder.«

Als sie auf diesen grundlegenden Glaubenssatz angesprochen wurde, reagierte sie mit völliger Ablehnung und wehrte sich vehement dagegen. Diese Frau war noch nicht so weit, sich ihrem Glaubenssatz zu stellen, trotz all des Leides, den er ihr verursacht hatte. Sie wollte auch das Leid noch nicht wirklich loslassen.

Sie sehen an diesem Beispiel, wie entscheidend die Schritte 1 und 2 des Glaubenssatz-Programms sind. Aber sie sind nicht einfach, sie sind die wirklichen Herausforderungen in unserem Leben, die sich als Krankheiten und Lebenskrisen äußern. Es mag sein, dass die Schritte 1–4 des Programms völlig ausreichen, um Ihre Glaubenssätze zu erkennen und damit einhergehende Probleme zu lösen. Die Schritte 5–7 werden sich dabei völlig selbstverständlich ergeben, denn mit neuen Erkenntnissen verändern wir ja bereits Glaubenssätze, vor allem mit der Erkenntnis der grundlegenden Glaubenssätze.

Wenn Sie das spirituelle Weltbild, das ich Ihnen später noch darlegen werde, für sich ehrlich prüfen und annehmen können, weil Sie es in Ihrem freien Geist als Wahrheit für sich erkannt haben, werden sich mit jedem tieferen Einstieg in die Wissenschaft vom Geist Tausende von anderen Glaubenssätzen ändern, die ja nur Schlussfolgerungen aus den grundlegenden Glaubenssätzen sind. Sie erkennen dann plötzlich viel mehr selber und brauchen immer weniger äußere Hilfe.

Das Göttliche entdecken

Wenn Sie zusätzlich zu all dem noch Folgendes schaffen, dann sind Sie bereits sehr weit in Ihrer Meisterschaft und nahe an der Erleuchtung: Was immer Sie im Leben erfahren und erleben, begleiten Sie diese Erfahrung mit dem Bewusstsein Ihrer eigenen Göttlichkeit, die sich aus dem spirituellen Weltbild des späteren Kapitels ergibt, und begleiten Sie darüber hinaus die Erfahrungen und Begegnungen mit dem Bewusstsein, dass alles, was sich Ihnen im Außen zeigt, ebenfalls göttlicher Natur ist.

Wenn Sie Ihre Lebensziele und Wünsche anschauen und die Sie umgebenden Menschen und sogar Ihre materiellen Besitztümer unter dem Aspekt betrachten können, dass sich Geist dahinter verbirgt, dann sind Sie dem Glücklichsein einen riesigen Schritt näher gekommen.

Übung

Denken Sie sich aus allem in der Welt das Geistige weg. Was ist das dann für eine Welt? Dann denken Sie sich zu allem Materiellen bewusst etwas Geistiges hinzu und auch zu allen Menschen eine Seele und gehen in die bewusste Wertschätzung dieses Geistigen und Seelischen. Dann wird aus Ihrer materiellen Fülle und dem materiellen Reichtum, sowie dem Reichtum der Menschen um Sie herum, wie groß dieser auch immer ist, nicht nur der doppelte, sondern der wahre Reichtum. Daraus wird die Fülle.

Wenn Sie es schaffen, das Geistige in allem wahrzunehmen – und das ist ein andauerndes Training –, entwickeln Sie eine tiefe Dankbarkeit gegenüber allem. Sie entwickeln das, was das Höchste im Leben ist: die Liebe zu allem, was existiert. Sie brauchen nicht einmal etwas an Ihrem Leben zu ändern außer dieser Einstellung und dem andauernden Training, alles so zu sehen. Das, was Sie dann erleben, ist das Gefühl der Kraft der Liebe, und mit diesem Gefühl erleben Sie innere Glückseligkeit. Diese ist unabhängig von der Außenwelt, weil Sie es geschafft haben, das Göttliche wertzuschätzen. Ich bin der Überzeugung, dass dies derzeit unser großes Ziel als Mensch ist und alle Glaubenssatzarbeit sollte daraufhin abzielen. Wir sollten uns aus meiner Sicht nicht mit weniger als Lebensziel zufriedengeben, als dieses innere dauerhafte Glücklichsein zu erreichen. Und damit können Sie bereits hier und jetzt in diesem Moment beginnen.

Mit dem Handeln beginnen

Wir können nun auch einer anderen Systematik folgen. Hierbei fragen wir uns in einer Konfliktsituation nicht nach dem grundlegenden Glaubenssatz, sondern: »Will ich weiter so sein?« Wir bedienen uns also auch hier des Willens. Wir entscheiden uns bewusst, dass wir nicht so sein wollen, und fragen uns, wie wir handeln wollen, sodass es zum Wohle aller ist. Wir fragen also nicht nach den grundlegenden Glaubenssätzen, sondern verändern sie direkt über unser Verhalten.
Wenn Sie zum Beispiel immer aufbrausend darauf reagiert haben, dass Ihr Mann die Schuhe wieder einmal unordentlich hingestellt hat – häufig sind es ja genau diese Kleinigkeiten des Lebens, um die es geht –, dann entscheiden Sie sich jetzt, nicht so zu reagieren. Sie entscheiden sich noch nicht, *wie* Sie reagieren. Zuerst kommen die Schritte des Beobachtens und des Denkens. Bislang hat Ihre Reaktion nicht geholfen, die Situation zu verändern. Trotzdem haben Sie immer so reagiert. Das ist doch anstrengend, oder? Jetzt setzen wir unser Denken ein. Sie fragen sich nun, welches Verhalten bei diesem Konflikt am besten wäre, ohne, wie in unserem Beispiel, ein anderes Verhalten des Mannes einzufordern. Auf diese Weise erkennen Sie zwangsläufig, wie liebevoll, wie klar, auf welche Art Sie kommunizieren müssen, um etwas zu erreichen. Das ist die hohe Kunst der Kommunikation. Innere Klarheit und klare Begriffe sind dafür ebenfalls äußerst wichtig.
Wenn Sie aufgrund dieser inneren Schritte zu Ihrem Mann sagen: »Für mich ist das immer wieder so unangenehm, dass du deine Schuhe so unordentlich hinstellst. Das tut mir richtig

körperlich weh. Wie können wir das denn ändern?«, haben Sie die Ohren Ihres Mannes geöffnet. Solange das nicht geschieht und Vorwürfe und Anklagen kommen, wird eine Kommunikation in Liebe nicht stattfinden können.
Das Prinzip sollte damit klar sein. Sie ändern Ihr Verhalten, entscheiden sich, bewusst zu handeln, und lassen sich nicht durch Ihre aktuellen Emotionen lenken. Das ist die Meisterung Ihrer Gefühle aus Ihrem Ich heraus. Sie durchbrechen Ihr eigenes Verhaltensmuster und Ihre Glaubenssätze einfach durch bewusstes Verhalten. Eine Analyse der Glaubenssätze ist mit dieser Methode nicht erforderlich. Allerdings werden Sie im Laufe dieses Prozesses – den Sie tagtäglich anwenden müssen und der eine gewisse Zeit benötigt –, automatisch auf Ihre grundlegenden Glaubenssätze stoßen, denn Sie haben auch mit dieser Methode Ihr Ich und Ihre Intuitionskraft eingesetzt. Und Ihr Ich, Sie selbst, sind derjenige, der mit der Kraft der Intuition an das Wissen aus Ihren Erinnerungen und das Wissen des Kosmos angeschlossen ist.

Übung

Prüfen Sie, ob Sie wirklich bereit sind, Ihre Einstellungen zu ändern. Wollen Sie sich zum Beispiel vom passiven Opfer zum aktiven Schöpfer wandeln? Opfer sein bedeutet zu sagen: Die Welt ist schuld an meinem Schicksal. Schöpfer sein bedeutet: Ich bin verantwortlich für mein Leben.

Nur die Entscheidung, als Schöpfer agieren zu wollen, wird Sie frei machen. Für das tiefgehende Verständnis dieser Einstellung ist letztlich ein spirituelles Weltbild erforderlich, wie es später beschrieben wird.

Übersicht über das systematische Programm zur Meisterung Ihrer Glaubenssätze

Im Folgenden habe ich Ihnen noch einmal die Schritte in einer Übersicht zusammengestellt.

Vorbereitender Schritt	Ich nehme das Leben an. Ich sage Ja zum Leben.
Schritt 1	Ich will.
Schritt 2	Ich strebe nach der Wahrheit. Ich fördere meine Liebe zur Wahrheit in mir.
Schritt 3	Ich finde mein grundlegendes Weltbild heraus und überprüfe es.
Schritt 4	Ich strebe nach Selbst-Erkenntnis und Erkenntnis der Welt und studiere dazu das Wissen von der geistigen Welt.
Schritt 5	Ich suche nach Erkenntnis weiterer Glaubenssätze.
Schritt 6	Ich überprüfe meine grundlegenden Glaubenssätze und Einstellungen.
Schritt 7	Ich ändere meine grundlegenden Glaubenssätze und Einstellungen durch Handlung und Reflexion der Handlung.

Übergeordnetes 7-Schritte-Programm zur Meisterung unserer Glaubenssätze

8. Schritt: Ich überprüfe stets die Informationen, die von außen kommen, bevor ich sie als Wahrheiten annehme

Es gibt noch einen weiteren Schritt, der letztlich in den anderen schon enthalten ist. Ich habe ihn bereits im ersten Kapitel bei der Bewusstwerdungs-Übung als Schritt 1 bezeichnet. Hierbei geht es nicht um die Aufarbeitung bestehender Glaubenssätze, sondern um die Vermeidung neuer. Es ist daher sehr wichtig, dass Sie alles prüfen, was Sie in Ihren Geist hineinlassen, und nichts ungeprüft übernehmen. Dafür haben Sie die vier geistigen Pinnwände. Sie müssen ja nicht gleich alle Informationen von außen prüfen, ob sie falsch oder wahr sind. Es reicht aus, wenn Sie sich bewusst machen, dass sie noch zu prüfen sind, und sie auf die Pinnwände 3 oder 4 platzieren. Allzu oft hören wir etwas Interessantes und geben es gleich ungefiltert als »Wahrheit« weiter. Dadurch entstehen so viele Unwahrheiten in der Welt, so viele Gerüchte und Lügen, die es uns allen schwerer machen, miteinander umzugehen, und die uns vor allem selber belasten. Das ist der Grund, warum auch Buddha diesen Teil zur ersten der acht edlen Wahrheiten erhoben hat.

Übung

Überprüfen Sie jeden Tag mindestens einmal ganz bewusst die Informationen, die von außen kommen, bevor Sie sie als Wahrheiten annehmen.

Unsere Überzeugungen steuern unsere Biologie und wir werden, was wir denken. Der König ist sich dessen nun bewusst und wird sich in Zukunft gut überlegen, welche Gesetze er für sein Reich übernimmt. Es ist seine Entscheidung und liegt in seiner Gewalt.

Die dritte Veränderung grundlegender Glaubenssätze: Bestimme dein Weltbild

Die machtvollsten Glaubenssätze und Weltbilder der Menschheit

»Der erste Schluck aus dem Becher der Naturwissenschaften führt zum Atheismus, aber auf dem Grund wartet Gott.«

Werner Heisenberg

Es gibt in der Technik und der Wissenschaft zwei berühmte grundsätzliche Vorgehensweisen: *bottom up* oder *top down*, vom Allgemeinen zum Speziellen oder umgekehrt. Für unsere Glaubenssätze gilt genau dasselbe. Wir haben erkannt, dass an der Wurzel unseres Weltbildes die wahren, ja die einzigen grundlegenden Glaubenssätze wirken. Aus ihnen wird durch die Logik in uns das Weltbild als Haus unseres Geistes gebaut. Jetzt haben wir auch hier die Möglichkeit, von oben nach unten oder umgekehrt vorzugehen.

Der Titel dieses Buches lautet »Mit einem Satz das Leben ändern«. Das bezieht sich natürlich auf jeden grundlegenden Glaubenssatz, denn jede Aussage beeinflusst alle Aussagen, die sich aus ihr logisch ergeben. Das Bild des Weltbild-Baumes besagt ja, dass aus den Samen der Glaubenssätze alles entsteht. Damit haben wir erkannt, dass alles von den Wurzeln, von ganz unten ausgeht. Wir können oberhalb der Wurzeln Glaubenssätze ändern. Dabei wird sich aber nichts wesentlich ändern, weil in der Tiefe andere, die wirklichen, also die grundlegenden Glaubenssätze schlummern. Und solange diese nicht geklärt sind, ist alles letztlich umsonst.

Für unsere Selbsterkenntnis und das Rätsel unseres Lebens taucht nun eine zentrale Frage auf, meiner wissenschaftlichen Überzeugung nach die überhaupt entscheidende. Denn hier

»scheiden« sich die Geister. Die Beantwortung dieser Frage steht auch im Zentrum aller Weltbilder, und wir haben sogar den naturwissenschaftlichen Beweis dafür – wieder aus der modernen Epigenetik –, dass diese Frage über Heilungschancen bei Krankheiten entscheidet. Es ist also nicht nur meine persönliche Überzeugung, die im Folgenden steht, sondern sie ist wissenschaftlich bewiesen. Es ist die Frage: Gibt es Gott?

Die zentrale Frage

Wir haben zu Beginn des Buches darüber gesprochen, dass im Mittelalter ein grundlegender Glaubenssatz die Menschheit dominierte: Die Erde ist eine Scheibe. Damals allerdings war es selbstverständlich, dass man an Gott glaubte. Heute ist es eher selbstverständlich, dass man nicht an Gott glaubt. Der Grund dafür sind der Siegeszug der Naturwissenschaft über die Religion und das Zeitalter der Aufklärung.

Ich zeige Ihnen nun, wie Sie für sich diese Frage nach Gott klären und beantworten können. In aller Klarheit der Erkenntnisse, die wir gewonnen haben, und vor allem in aller Freiheit, also jenseits der Meinungen und Dogmen der Religionen selbst. Denn ein wichtiges Ergebnis all unserer Betrachtungen ist, dass Sie selbst die Urteilsfähigkeit in sich tragen, diese Frage für sich zu entscheiden – und dass es daher keine andere Person geben kann, die die Autorität hat, für Sie zu entscheiden. Die Autorität dazu steckt in Ihnen: der bereits genannte Logos oder Geist der Wahrheit.

Haben Sie den Mut, sich für einen Moment von allen grundlegenden Glaubenssätzen Ihrer Religion oder Weltanschauung zu lösen und die Frage nach Gott ganz klar, sachlich und wissenschaftlich aus Ihrer eigenen Freiheit heraus zu beantworten. Sie lösen sich damit von äußeren Autoritäten. Das mag zunächst schwerfallen, denn es ist bequemer, nicht selber eine Entscheidung treffen zu müssen. Sie lesen aber ein Buch über

die Meisterung Ihrer Glaubenssätze, und wenn Sie das erreichen wollen, dann müssen Sie diese Bequemlichkeit aufgeben. Haben Sie Vertrauen in sich selbst, in Ihren Geist, der viel größer, stärker und göttlicher ist, als Sie es vielleicht glauben.
Wir betrachten nun zwei grundlegende Glaubenssätze, also echte Samen, die zwei völlig verschiedene Weltbilder bewirken. Aber nur eines von beiden kann nach unseren Erkenntnissen der Wirklichkeit entsprechen.
Wir haben erkannt, dass unser Weltbild alles entscheidend für unser Leben ist. Die Wahl gegensätzlicher Weltbilder muss daher logischerweise komplett unterschiedliche Auswirkungen nach sich ziehen. Hier stehen wir also an einer entscheidenden Weggabelung in der Wahl unseres persönlichen Weltbilds. Und das gilt für jeden Menschen! Denn wir haben verstanden, dass die Wahrheit universell für uns alle gilt.

Grundlegende Glaubenssätze definieren

Es geht um zwei Weltbilder, die auf zwei gegensätzlichen grundlegenden Glaubenssätzen in Bezug auf die Frage nach Gott aufbauen. Ich will diese Frage aber konkreter stellen, damit wir sie sinnvoll beantworten können. Gleich nach Gott zu fragen, macht wenig Sinn. Zuerst müssen wir klären, was wir unter Gott verstehen, denn tausend Menschen haben tausend Vorstellungen über Gott. Auf dieser Basis kann man nicht wissenschaftlich denken und arbeiten. Die Frage, die wir also zuerst stellen müssen, lautet:
»Gibt es eine von der Materie unabhängige geistige Welt?«
Hier scheiden sich die Geister. Als Wissenschaftler sagen wir nun, dass wir diese Frage mit Ja oder mit Nein beantworten können. Die Antworten sind zunächst grundlegende Glaubenssätze, also Axiome. Wir müssen nicht wissen, ob sie stimmen oder nicht! Wir wählen einfach frei das eine und sehen

dann, welcher Geistesbaum daraus entsteht, welches Weltbild. Dann prüfen wir wissenschaftlich, ob dieser Baum mit der Wirklichkeit übereinstimmt, ob wir die Tatsachen der realen Welt damit klar erklären können.

Dann prüfen wir das für den anderen grundlegenden Glaubenssatz. Wir sind dabei völlig unvoreingenommen. Wenn der eine grundlegende Glaubenssatz und das daraus resultierende Weltbild, die reale Welt, im Gegensatz zum anderen nicht erklären kann, dann entscheide ich mich als Wissenschaftler, ihn nicht zu wählen. Ich wähle dann den anderen. Das ist Wissenschaft. Das ist Ihre Freiheit! Wissenschaft kennt kein Dogma, wissenschaftliches Denken ist frei und flexibel.

Die Würde der freien Entscheidung

Ich habe Ihnen alles an Erkenntnissen und an Methoden aufgezeigt, die Sie in sich zur Verfügung haben. Damit nun zu arbeiten, sie ernsthaft zu nutzen, liegt in Ihren Händen. Diese Schritte können Sie nur selber gehen! Niemand nimmt Sie hier mehr an der Hand, weder die Eltern, irgendwelche Therapeuten, religiöse Führer, noch irgendein Schutzengel. Niemand ist in Ihrem Ich für Sie da, der für Sie entscheidet, außer Sie selbst!

Ich weiß aus Erfahrung, dass ein jeder Mensch irgendwann an dieser Schwelle steht und eine Entscheidung treffen muss. Es ist die Entscheidung für den einen Glaubenssatz oder den anderen. Dieses Buch dient auch dazu, Ihnen das bewusst zu machen und die Bedeutung dieses einen Satzes herauszuarbeiten. Wir sind nun im Zentrum aller Betrachtungen angekommen. Hier haben wir eine Weggabelung. Ein einziger Satz entscheidet! Ein einziger grundlegender Glaubenssatz, und eine völlig neue Welt in Ihnen entsteht. Ihr Königreich bestimmen Sie!

Wir formulieren nun die zwei Varianten des grundlegenden Glaubenssatzes:

> Grundlegender Glaubenssatz 1a: Es gibt eine reale geistige Welt unabhängig von der materiellen Welt.
> Grundlegender Glaubenssatz 1b: Es gibt *keine* geistige Welt unabhängig von der materiellen Welt.

Betrachten wir einmal diese beiden grundlegenden Glaubenssätze und ihre Konsequenzen. Wir haben erkannt, dass sich aus grundlegenden Glaubenssätzen, also den nicht beweisbaren Grundannahmen eines Weltbildes, logische Schlussfolgerungen ergeben. Wir wollen an dieser Stelle noch nicht erörtern, ob der eine oder der andere grundlegende Glaubenssatz eventuell beweisbar ist. Manch ein Naturwissenschaftler mag glauben, dass Satz 1b beweisbar ist. Lassen Sie uns annehmen, dies seien grundlegende Glaubenssätze, also nicht beweisbare Aussagen. Uns interessieren an dieser Stelle nur die Konsequenzen für unser Leben. Wenn wir Satz 1b als richtig annehmen, dass es keine geistige Welt gibt außerhalb der materiellen, also unabhängig von ihr, was bedeutet das für uns als Menschen?

Erstens heißt es, dass wir keine vom Körper unabhängige Seele haben. Es bedeutet, dass wir keinen vom Körper unabhängigen Geist haben, dass wir nur einmal leben, dass es kein Leben nach dem Tod gibt, dass es keine Wiedergeburt geben kann, dass alle Religionen Irrtümern unterliegen, dass die großen griechischen Philosophen wie Sokrates und Plato unrecht hatten, dass bis vor etwa 300 Jahren, als die Naturwissenschaft ihren Siegeszug antrat, alle Menschen einer Illusion unterlegen waren. Es bedeutet, dass es keinen Gott geben kann, dass wir Menschen nur eine biologische Maschine sind, dass das ganze Universum aus rein physikalischen Gesetzen und durch den Zufall entstanden ist, dass hinter der Schöpfung und damit auch hinter unserem Menschsein keinerlei höherer Sinn liegt,

dass es keine Ethik und Moral geben kann, dass unsere Gedanken und Gefühle allgemein nur durch chemische Reaktionen entstehen, dass wir keinen freien Willen haben können, dass es daher auch keine Verantwortung für Handlungen geben kann und dass es daher auch keinen Sinn macht, Menschen für ihre Handlungen zu bestrafen. Es bedeutet, dass es keine Gerechtigkeit im Universum gibt und dass unser Schicksal nur durch die Materie bestimmt wird.
In der Konsequenz ist es egal, wie wir in der Wirtschaft miteinander umgehen, denn es kann ja nur um die Maximierung unseres eigenen Glücks für die paar Jahre unseres Erwachsenenseins gehen. Wir müssten danach trachten, unseren Körper möglichst lange am Leben zu erhalten, am allerbesten unsterblich zu machen, denn nur dann können wir weiterleben.
Erkennen Sie, welche logischen Schlussfolgerungen, welche Konsequenzen sich aus diesem einen axiomatischen Glaubenssatz ergeben? Ein riesiges Weltbild entsteht aus diesem Satz. Das sind alles Aussagen, die wir auch als Glaubenssätze bezeichnen könnten und die auch oft so bezeichnet werden. Mit unserer erarbeiteten Klarheit sind das aber keine grundlegenden Glaubenssätze. Alle diese Aussagen sind Schlussfolgerungen, die sich zwangsläufig aus dem grundlegenden Glaubenssatz 1b ergeben. Wenn er der Wirklichkeit entspricht, also wahr ist, dann sind alle diese Aussagen, die ich aufgelistet habe, auch wahr. Das ist eine exakte wissenschaftliche Tatsache.

Logische Ableitungen und Wahrheitsgehalt

Beachten Sie, dass wir nicht darüber gesprochen haben, *ob* der grundlegende Glaubenssatz wahr ist, wir haben nur exakt wissenschaftlich herausgefunden, was dann noch alles wahr sein *muss*. Dabei ist diese Liste in keiner Weise vollständig. In Bezug auf unsere persönlichen grundlegenden Glaubenssätze können wir jetzt eine Fülle anderer aufzählen, die durch den grundlegenden Glaubenssatz 1b bedingt sind und vielen Menschen das Leben schwer machen, etwa: »Ich bin jetzt schon so alt und habe keines meiner Ziele erreicht. Mein Leben ist nun sinnlos, weil es bald vorbei ist.« Oder: »Es gibt keine Gerechtigkeit, deshalb ist es auch für mich sinnlos, gerecht zu sein.« Erkennen Sie, wie schnell dieser grundlegende Glaubenssatz mit seinen Folgerungen zu solch negativen Gedanken führen kann? Sie wirken versteckt in uns, denn sie sind uns in ihrer Entstehung nicht bewusst. Es ist daher völlig unnötig, an den vielen abgeleiteten Schlussfolgerungen zu arbeiten, das ist im Grunde Zeit- und Energieverschwendung. Hier befassen wir uns mit der Ursache, dem Samen. Es ist nur eine Ursache, ein Samen für Tausende falscher Aussagen, für einen ganzen Baum an Gedanken. Ändern wir den einen, ändern sich alle diese.

Wir haben in dem entscheidenden Kapitel über die Logik begriffen, dass in unserem Geist diese phänomenale, wunderbare Kraft wirkt, die uns blitzschnell logische Schlussfolgerungen liefert. Wenn wir also an diesen grundlegenden Glaubenssatz 1b wirklich glauben, liefert uns unsere Logik ganz unschuldig alle Konsequenzen.

Und der entgegengesetzte grundlegende Glaubenssatz 1a bringt in seiner Konsequenz all die menschlichen Werte, nach denen wir doch streben – und die nach Satz 1b unmöglich sind: Freiheit, Liebe, Würde des Menschen, Würde der Tiere, Gerechtigkeit, Gott, Schutzengel, Moral, Ethik, Lebenssinn, Heilung aus dem Geist. Fühlen Sie hinein, wie sich eine Seele mit Satz 1b fühlen muss, wie kalt innerlich, wie sinnlos und deprimierend das Leben erscheinen muss und wie wertvoll das menschliche Leben nach dem grundlegenden Glaubenssatz 1a erscheint.

Das will Ihnen dieses Buch in aller Systematik und wissenschaftlicher Klarheit mitgeben: Sie schaffen die Samen, Sie sind der Herrscher über Ihr Weltbild und über Ihre Glaubenssätze, aber Sie müssen auch deren Konsequenzen tragen.

Ich habe Ihnen nun einen fundamentalen, grundlegenden Glaubenssatz dargestellt, um den es bei jedem Menschen und in unserer ganzen Gesellschaft geht. Sie haben in aller Kürze eine Fülle von Konsequenzen, die aus diesem Satz entstehen, gezeigt bekommen. Es kann ja sein, dass dieser Satz stimmt. Doch lassen Sie uns das nun wissenschaftlich und vernünftig prüfen.

Materialismus versus Spiritualismus

Ich will Ihnen nun noch die Namen für die beiden Weltbilder geben, die sich durch diese beiden Glaubenssatzvarianten ergeben. Denn jeder dieser beiden gegensätzlichen Glaubenssätze führt zu einem komplett anderen Weltbild.

> Der grundlegende Glaubenssatz 1b: »Es gibt keine reale geistige Welt unabhängig von der materiellen Welt«, führt zu dem Weltbild des MATERIALISMUS.

Materialismus ist also nicht nur, was wir landläufig als Streben nach materiellen Dingen verstehen, sondern es handelt sich um ein Weltbild, das auf dem grundlegenden Glaubenssatz 1b aufbaut. Nach dem Weltbild des Materialismus gibt es nur die Materie als reale Existenz. Alles, was wir als geistig oder seelisch bezeichnen, ist hier nur ein Ausdruck der Materie. Nehmen wir die Materie weg, verschwinden auch die geistigen oder seelischen Phänomene.

Es ist von zentraler Bedeutung für Sie, dass Sie das ganz genau verstehen. Prüfen Sie, was ich hier gesagt habe, genau für sich nach. Übernehmen Sie das nicht einfach, machen Sie sich dies alles in der Konsequenz bewusst. Diese materialistische Weltanschauung führt zu den Konsequenzen, die ich oben beschrieben habe, und zu noch vielen weiteren. Und wenn Sie unsere Welt heute betrachten, dann werden Sie feststellen, wie viel an dem, was um uns herum geschieht, genau aus dieser Weltanschauung resultiert.

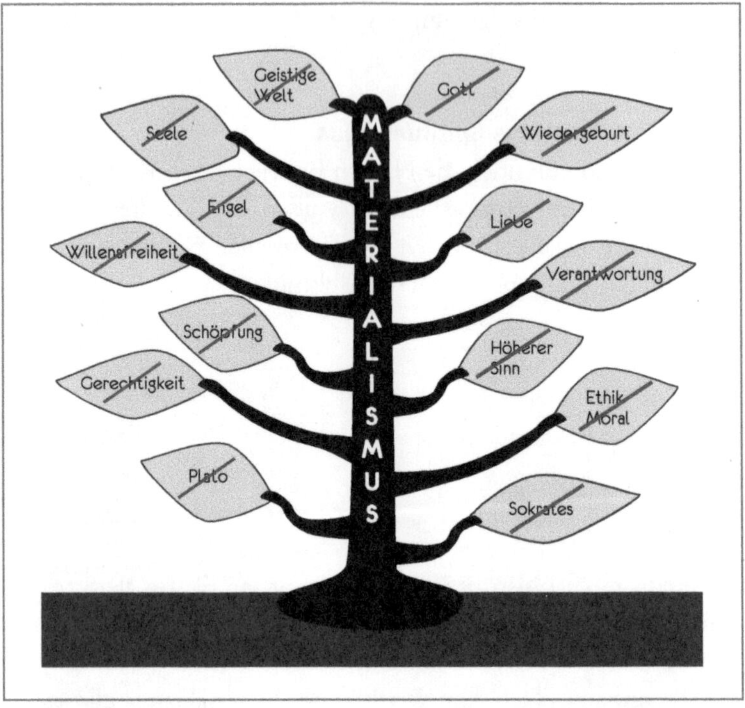

Konsequenzen aus dem grundlegenden Glaubenssatz des Materialismus

Schauen Sie in der Konsequenz auf unser Gesundheitswesen oder die Wirtschaft, die Ökologie oder auch die Bildung. Tun Sie das für sich selber. Sie haben jetzt alles, was Sie brauchen, um die Welt durch diese Erkenntnisse zu betrachten. Sie werden dann ganz schnell erkennen, dass unsere Welt von dieser Weltanschauung durchdrungen ist und dass sich auch viele Menschen dazu bekennen.

Das hat auch seinen guten Grund und muss nicht verurteilt werden. Denn es liegt ein Sinn dahinter. Hier aber habe ich die Konsequenzen aufgezeigt und rufe Sie auf, darüber nachzudenken, welchem grundlegenden Glaubenssatz Sie folgen und ob Sie das mit all diesen Konsequenzen für sich so wollen.

Die Konsequenzen erkennen

Sie müssen sich entscheiden; jeder muss diese Entscheidung für sich selbst bewusst treffen. Wenn er es nicht tut, dann ist er sich seines Weltbildes nicht bewusst und wird von seinen unbewussten grundlegenden Glaubenssätzen beherrscht.
Wollen Sie frei werden und Herrscher über Ihre Glaubenssätze sein? *Sie* entscheiden über Ihre Freiheit und Ihr Glück und Unglück. Sie können selber prüfen, wie viel Glücklichsein unter dem grundlegenden Glaubenssatz des Materialismus für Sie denkbar ist. Sie haben alles Wissen und alle Werkzeuge durch dieses Buch an die Hand bekommen, um das für sich selber zu prüfen. Wenn Sie nach der Wahrheit streben, werden Sie diese auch erkennen. Streben müssen Sie aber selber danach. Und wir haben uns ja erarbeitet, dass im Grunde nur die Wahrheit vor Fehlschlägen schützt und nur die Wahrheit auf Dauer glücklich macht.

> Der grundlegende Glaubenssatz 1a: »Es gibt eine reale geistige Welt unabhängig von der materiellen Welt«, führt zu dem Weltbild des SPIRITUALISMUS.

Wir werden später die Unterabteilungen dieser allgemeinen Anschauung weiter betrachten, darunter einige Religionen.

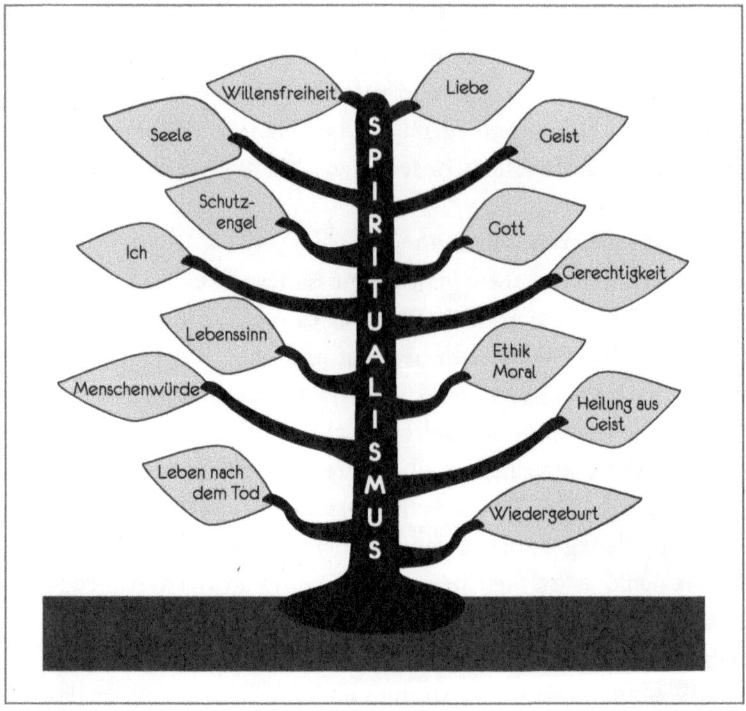

Konsequenzen aus dem grundlegenden Glaubenssatz des Spiritualismus

Wieder sagen wir hier noch nicht, ob dieser grundlegende Glaubenssatz wahr ist oder nicht. Entscheidend ist, dass wir uns zunächst nur um einen einzigen grundlegenden Glaubenssatz kümmern müssen und nicht um die Tausenden, die daraus entstehen. Für mich ist klar, dass jeder Mensch, der den Materialismus ablegt und den Spiritualismus wählt – in freier Wahl und aus eigener Erkenntnis und nicht, weil ich oder irgendjemand das sagt –, ein völlig anderes, freieres, gesünderes und glücklicheres Leben haben wird.

Erinnern Sie sich aber, dass diese Wahl nicht nur intellektuell, also nur in Gedanken, erfolgen kann. Das ist der erste Schritt,

aber die Gefühle müssen dazukommen und die Handlung, damit dieser grundlegende Glaubenssatz für Sie Realität wird und in Fleisch und Blut übergeht.
Sicher ist, dass uns allen in unserer heutigen Lebenswelt der Materialismus bereits in den Knochen steckt. Den müssen wir erst wieder umwandeln. Aber prüfen Sie diese Behauptung nach. Das ist nicht schwer. Beobachten Sie sich dazu einfach selber. Sie werden erleben, dass Sie sich ständig mit Ihrem Körper identifizieren und gar nicht auf die Idee kommen, dass Sie ein geistiges Wesen sind.

Wozu die Vernunft rät

Die Wirkung des Glaubenssatzes 1a auf unser Leben ist durch die moderne Naturwissenschaft der Epigenetik nachgewiesen, beispielsweise insofern, dass Menschen, die eine positive spirituelle Weltanschauung haben, schneller körperlich heilen und besser mit Lebenskrisen umgehen können.
Sie erkennen an diesen wissenschaftlichen Beweisen, dass es auf jeden Fall klüger ist, die spirituelle Sicht zu wählen und nicht die materialistische. Lesen Sie das in den sehr guten Fachbüchern nach, die ich Ihnen im Anhang dazu angegeben habe. Ich will aber nicht, dass Sie nur an das spirituelle Weltbild glauben, weil es positive Effekte hat, sondern weil Sie es für sich als Wahrheit erkennen. In die Diskussion, welcher der beiden grundlegenden Glaubenssätze der korrekte ist, wollen wir nun einsteigen.
Wir sehen zunächst anhand von Zitaten bekannter Wissenschaftler, dass das Weltbild des Materialismus sehr weitverbreitet ist, jedoch nur ein Glaubenssystem, eine Meinung von bestimmten Naturwissenschaftlern darstellt. Denn wir werden anhand von Zitaten anderer Wissenschaftler sehen, dass man auch als Naturwissenschaftler den grundlegenden Glaubenssatz 1a als wahr annehmen kann.

Zunächst betrachten wir die Aussagen zweier Materialisten. Das folgende Zitat kommt von einem Wissenschaftler, der viel dazu beigetragen hat, dass dieses Weltbild Standard in der Wissenschaft wurde. Es stammt aus dem Jahre 1845 und damit aus der Zeit, als der Materialismus richtig Fuß fasste:

> *»Die Gedanken stehen zum Gehirn etwa im selben Verhältnis wie die Galle zur Leber.«*
> Karl Vogt, Physiologische Briefe an die Gebildeten aller Stände, 1845

Klarer kann der materialistische Gedanke kaum gefasst werden. Unsere Gedanken, unser Geist, sind danach vergleichbar mit unserem physiologischen Stoffwechsel. Nun folgt ein Zitat eines Vertreters der Biologie, der Evolutionslehre, 160 Jahre später:

> *»Das Geheimnis des menschlichen Geistes ist im Wesentlichen entschlüsselt. Nicht zur Gänze. Aber aus evolutionstheoretischer Sicht besteht kein Zweifel daran, dass das, was Sie als Geist bezeichnen, dem Gehirn entspringt beziehungsweise eine Systemeigenschaft des Gehirns ist. Wir sprechen hier von hoch komplizierten, neuronalen Mechanismen, die unter bestimmten Rahmenbedingungen zu verschiedenen Bewusstseinszuständen führen.«*
> Professor Franz Wuketits, Evolutionsbiologe Universität Wien, 2007

Hier hören Sie exakt unseren Glaubenssatz 1b: Was wir als Geist bezeichnen, entsteht aus dem Gehirn, also aus der Materie.

Nun zur anderen Seite. Hier wird auf eine Aussage des Nobelpreisträgers David Hubel Bezug genommen, der meint, dass die Seele eine Illusion und das Gehirn die einzige Realität ist.

> *»Eine solche Verherrlichung des Gehirns birgt unzählige Gefahren. Das Bild, das wir uns von uns machen, ist außerordentlich wirksam: Es prägt unser Handeln und damit die Welt, die wir für uns und unsere Kinder schaffen. Die Quantenphysik entdeckte schon vor langer Zeit die Gefahren des Götzendienstes. Neurophysiologen müssen das noch lernen. Für viele von ihnen ist das Gehirn zum Götzen geworden.«*
> Prof. Arthur Zajonc, Die gemeinsame Geschichte von Licht und Bewusstsein

Und nun folgen sehr klare Worte von einem der großen Meister der Physik:

> *»Als Physiker, der sein ganzes Leben der nüchternen Wissenschaft, der Erforschung der Materie diente, bin ich sicher von dem Verdacht frei, für einen Schwarmgeist gehalten zu werden. Und so sage ich nach meinen Erforschungen des Atoms folgendes: Es gibt keine Materie an sich!*

> *Alle Materie entsteht und besteht nur durch eine Kraft, welche die Atomteilchen in Schwingungen bringt und sie zum winzigsten Sonnensystem des Atoms zusammenhält.*
> *Da es im ganzen Weltall aber weder eine intelligente noch eine ewige (abstrakte) Kraft allein gibt, so müssen wir hinter dieser Kraft einen bewussten intelligenten Geist annehmen.*
> *Dieser Geist ist der Urgrund aller Materie. Nicht die sichtbare, aber vergängliche Materie ist das Reale, Wahre, Wirkliche, sondern der unsichtbare unsterbliche Geist ist das Wahre.*
> *Da es aber Geist an sich nicht geben kann und jeder Geist einem Wesen zugehört, so müssen wir zwingend GEISTWESEN annehmen.*
> *Da aber auch Geistwesen nicht aus sich selbst sein können, sondern geschaffen worden sein müssen, so scheue ich mich nicht, diesen geheimnisvollen Schöpfer ebenso zu nennen, wie ihn alle alten Kulturvölker der Erde früherer Jahrtausende genannt haben: GOTT.«*
> Max Planck, Begründer der Quantentheorie und Nobelpreisträger

Klarer und nachvollziehbarer kann man den grundlegenden Glaubenssatz 1a und seine logisch-wissenschaftliche Begründung kaum formulieren.
Was können Sie aus den Zitaten erkennen? Die Wissenschaftler sind sich nicht einig, was die Wahrheit ist. Sie sind sich kaum bewusst, dass es sich hier um Glaubenssätze handelt, für die

wir uns in bewusster Klarheit entscheiden und dann damit arbeiten sollten. Auch die Brisanz eines grundlegenden Glaubenssatzes für unsere Gesellschaft scheint den Wissenschaftlern wenig bewusst zu sein. Max Planck, der die Physik so revolutioniert hat, erwähnt hier bereits weitere grundlegende Glaubenssätze, die wir noch besprechen werden.

Klärendes Vergleichen

Nun will ich Ihnen einige Argumente und Beweise für Ihren mittlerweile ausreichend geschulten wissenschaftlichen Geist geben, die zeigen, dass eigentlich nur der grundlegende Glaubenssatz 1a als Wahl in Frage kommen kann.

Zunächst wollen wir das Argument zur Begründung des Materialismus betrachten, dass man sowohl mit elektrischer Stimulation im Gehirn als auch mit Psychopharmaka bei einer Person Gedanken und Gefühle hervorrufen kann. Das, so die Vertreter des Materialismus, ist doch ein Beweis, dass der Körper die Gedanken hervorbringt. Das ist jedoch ein klarer Denkfehler, ein logischer Fehler, denn diese Wissenschaftler argumentieren gleichzeitig, dass unser Gehirn wie ein Computer funktioniert. Schauen wir uns also an, wie ein Computer arbeitet. Ist es möglich, dass wir mit elektrischer Stimulation der Hardware eines Computers andere Bilder auf dem Bildschirm hervorrufen können? Sicher! Ist das aber ein Beweis dafür, dass die Software im Computer von der Hardware erzeugt wurde? Nein! Wir wissen doch, dass es Programmierer gibt, dass die Software in den Computer eingespielt wird und dass diese auch noch funktioniert, wenn er kaputtgegangen ist und die Software auf einen anderen Computer eingespielt wird.

Dass wir den Computer manipulieren und die Software beeinflussen können, sagt nichts darüber aus, woher die Software gekommen ist! Dieses Argument verwenden Neurowissenschaftler aber in Bezug auf das Gehirn. Das ist unkorrekt, unlogisch und damit nicht wissenschaftlich. Das Phänomen sagt nur etwas aus über die enge Verbindung zwischen Hardware und Software, zwischen Gehirn und Geist, aber nichts über den Ursprung des Geistes.

Wenn wir nicht wüssten, wie ein Fernseher funktioniert, könnten wir auch zu dem Schluss kommen, dass der Fernseher die Bilder produziert. Beim Verhältnis von Gehirn und Geist wird genauso argumentiert. Dasselbe gilt für das Internet, das beständig Bilder aus der ganzen Welt auf unseren Bildschirm zaubert: Keiner würde da auf die Idee kommen, der Computer erzeuge alle diese Bilder.

Beim Computer wissen wir zudem, dass er nicht gebaut wurde, um eine Software zu produzieren, sondern damit eine von einem externen Programmierer, einem geistigen Wesen namens Mensch, hergestellte Software darauf ablaufen kann.

Die Software, der Geist, hat bewirkt, dass eine Hardware, die Materie, völlig unabhängig von der Softwareprogrammierung hergestellt wurde, damit dieser Geist in diesem Körper wirken kann. Neben dem Programmierer wird jedoch noch ein Hardwarehersteller benötigt.

Bei uns als Menschen soll den Materialisten zufolge ein Computer, das Gehirn, durch einen anonymen und abstrakten Hersteller namens Evolution oder Natur nach den nicht-intelligenten Regeln des Zufalls entstehen, und dieser Computer Gehirn soll es dann auch noch schaffen, wieder mit diesen anonymen Kräften eine faszinierende Software herzustellen, den Geist des Menschen mit all seiner Kreativität. Dieses Bild in seiner Unlogik müssen Sie sich einmal bewusst vor Augen halten, um zu sehen, dass das nicht haltbar ist.

Akzeptieren wir die Logik als Wissenschaft, dann ist das bereits ein Beweis, denn wir haben den grundlegenden Glaubenssatz 1b logisch widerlegt. Doch das soll uns nicht genug sein. Ich will Ihnen noch zusätzliche Fakten liefern.

Durch Erfahrung belegt

Wir haben im Kapitel über die Wissenschaft festgestellt, dass Logik und Mathematik Grundlage der Naturwissenschaft bilden. Sie müssen von den Naturwissenschaftlern als echte, zuverlässige Wissenschaften anerkannt werden, damit ihre eigene Wissenschaft der Physik, der Biologie, Astronomie und Neurowissenschaft Bestand hat.
Nun beschäftigen sich diese beiden grundlegenden Wissenschaften aber ausschließlich mit geistigen Objekten. Sie sind in dieser Beziehung keine Naturwissenschaft, sondern reine Geisteswissenschaften. Das bedeutet, die Mathematik arbeitet in einer Welt, die außerhalb der Materie liegen muss. Sie arbeitet zudem höchst exakt, viel exakter als jede andere Naturwissenschaft. Das gilt für die Logik ebenso. Diese Welt außerhalb der Materie muss aber existieren, sonst könnten wir nicht mit ihr arbeiten. Mathematik und Logik sind bereits ein klarer wissenschaftlicher Beweis für die Existenz einer geistigen Welt außerhalb der Materie.
Sie werden aber auch für diesen wissenschaftlichen Beweis Gegenargumente der Materialisten hören, die Sie wiederum jederzeit mit dem Wissen aus diesem Buch widerlegen können. Das soll aber auch noch nicht ausreichen. Ich will noch härtere Fakten liefern.
Es gibt genügend nachgewiesene Berichte von außerkörperlichen Erfahrungen, und zwar von Menschen, die im Koma lagen oder unter Vollnarkose, und die berichtet haben, was um sie herum geschah. Das bedeutet, dass die »Hardware« ausgeschaltet war, und die »Software«, der Geist, ohne sie arbeitete. Das kann nach dem materialistischen grundlegenden Glaubenssatz nicht möglich sein, und damit ist dieser nicht

zutreffend. Beeindruckendes Beispiel dafür ist etwa das Buch »Blick in die Ewigkeit« von Eben Alexander, einem ehemaligen Materialisten und Neurochirurgen, der sieben Tage im Koma lag und dabei die geistige Welt in aller Klarheit erlebte. Alexander selbst war Materialist und sagt nun von sich, dass er der lebende Beweis ist, dass der Materialismus ein Irrtum ist. Er belegt dies aber vor allem durch neurowissenschaftliche Tatsachen. Wir haben also mehr als einen Beweis für die Existenz der geistigen Welt außerhalb unseres Körpers. Im Grunde genommen ist das bereits kein grundlegender Glaubenssatz mehr, sondern eine bewiesene Tatsache.

Dabei wollen wir es bewenden lassen und brauchen nun auch nicht mehr das Argument zu vertiefen, dass alle klugen und weisen Menschen der Antike und der Zeit bis 1840, die unsere gesamte Zivilisation aufgebaut haben, sich geirrt haben, dass große Wesen wie Mohammed, Buddha und Christus alle einem Irrtum unterlegen sind, als sie über Gott und die geistige Welt sprachen, und dass sich im Vergleich nur relativ wenige kluge Materialisten seit etwa 1840 eine richtige Vorstellung von der Welt gemacht haben und noch machen.

Ein schwieriger Weltbildwechsel

Damit aber haben wir den Grundstock gelegt für den restlichen Teil des Kapitels. Wir haben damit auch alle Glaubenssätze, die sich aus dem materialistischen grundlegenden Glaubenssatz ergeben, unnötig gemacht. Wir brauchen nicht mehr an ihnen zu arbeiten, wenn wir uns gegen ihn entschieden haben. Das braucht aber Zeit und Gründlichkeit. Daher lege ich Ihnen an dieser Stelle wieder eine kleine Übung ans Herz.

Übung

Gehen Sie die Diskussion über die Glaubenssätze von Spiritualismus und Materialismus sowie das Ergebnis in aller Ruhe durch. Entdecken Sie Denkfehler, wo Sie eventuell nicht zustimmen können? Fühlen Sie bewusst hin, welches Gefühl sich da zeigt und welches innere Argument. Haben Sie ein Vorurteil? Wehrt sich etwas in Ihnen dagegen? Was ist es? Welche Stimme spricht da? Achten Sie auf Ihr Wahrheitsgefühl. Das stellt sich ein, wenn Sie das Thema wirklich logisch durchdacht haben. Hier können Sie auch lernen, zwischen Wahrheitsgefühl und einem Gefühl zu unterscheiden, das aus innerer Abwehr entsteht. Vorurteile sind stets emotional bedingt. Dieser grundlegende Glaubenssatz ist so fundamental und so bedeutsam, dass er gut geprüft werden muss.

Beachten Sie, dass möglicherweise ganz versteckt viele Glaubenssätze noch in Ihnen stecken, die mit dem Materialismus verbunden sind. Diese gilt es nun ganz bewusst wahrzunehmen und Stück für Stück zu erkennen, um sie als falsch deklarieren zu können. Diese Arbeit steht noch vor Ihnen, denn nur mit dem Lesen und dem intellektuellen Anerkennen des grundlegenden Glaubenssatzes 1a ist noch nicht alles erledigt. Jetzt geht es um Ihr Bewusstsein.

Spirituelle Weltbilder im Unterschied

Nun können wir weitere Schritte vollziehen. Wenn mehrere Menschen an eine geistige Welt glauben, heißt das noch nicht, dass sie die gleiche Vorstellung darüber haben. Ich hatte bei einem Kaminabend die Gelegenheit, sowohl katholischen Mönchen als auch evangelischen Priestern die Frage zu stellen, ob sie an Engel als reale Wesen glauben. Die höchst interessante Antwort der evangelischen Priester lautete: »Nein, wir sehen darin eher Energien und Kräfte.« Die katholischen Mönche antworteten: »Natürlich gibt es Engel als reale geistige Wesen.« Sie sehen also, dass es hier wieder eine weitere Unterscheidung gibt. Wir können korrekterweise nicht sagen, dass es *das* Weltbild des Spiritualismus gibt, sondern nur, dass es einen grundlegenden Glaubenssatz gibt, der im Gegensatz zum Materialismus steht. Mit diesem eröffnet sich eine Reihe unterschiedlicher spiritueller Weltbilder.

Wir werden jetzt einige davon betrachten. Ich bitte Sie besonders hier, weil es das heikle Thema des Glaubens berührt, nach jedem Schritt innezuhalten und zu versuchen, ihn nachzuvollziehen und ihn im Denken und Fühlen zu prüfen. Denn dabei handelt es sich jedes Mal um eine fundamentale Glaubenssatz-Entscheidung.

> Grundlegender Glaubenssatz 2a: Es gibt reale geistige Wesen.
> Grundlegender Glaubenssatz 2b: Es gibt keine realen geistigen Wesen, sondern nur »Energien« und »Kräfte«.

Gerade den grundlegenden Glaubenssatz 2b tragen viele Menschen in sich, die sich esoterisch und spirituell orientieren. Wenn wir nur von Energien, Kräften, Feldern und Strukturen sprechen, dann unterliegen wir einem subtilen Materialismus. Wenn wir ehrlich sind und hinspüren, können wir das als einen inneren Konflikt erleben. Denn von Kräften und Energien sprechen zunächst die Physiker, und sie meinen damit immer Materie und materielle Kräfte. Von dem Physiker Max Planck haben wir gehört, dass es aber keine Kraft ohne ein Wesen gibt. Es gibt heute viele spannende Vorstellungen und Weltbilder an der Grenze zwischen Materie und Geist. Diese verbinden z. B. moderne Quantenphysik und Spiritualität. Sie kennen vielleicht einige davon. Beschrieben wird dabei Spiritualität aber stets mit Begriffen wie »Schwingungen«, »Energie« und »Information«, ohne jemals von »Wesen« zu sprechen. Achten Sie einmal darauf und schärfen Sie Ihr Bewusstsein dafür. Machen Sie das zu einer Übung und fragen Sie eventuell auch Personen, was sie denn unter diesen Begriffen verstehen. Hier wird wieder die große Bedeutung klarer Begriffe deutlich. Man bezeichnet das Bewusstsein oft mit Begriffen wie »kosmische Substanz«. Wieder haben wir nur eine materielle Vorstellung! Das bedeutet, dass viele Menschen, die glauben, spirituell zu denken, einem klaren Materialismus unterliegen. Man hört von solchen Menschen dann oft, dass unser Gehirn ein Modell der Welt entwirft. Das ist aber etwas völlig anderes, als wenn man sagt: »Ich schaffe mir mithilfe meines Gehirns ein Modell der Welt.« Hier ist der König die ausschlaggebende Kraft. In dem Satz zuvor wird das Gehirn zum König und das Ich ist verschwunden. Achten Sie bei sich selbst darauf, wie Sie denken, und überprüfen Sie die beiden unterschiedlichen Sätze.

Daher erscheint der grundlegende Glaubenssatz 2b als keine sinnvolle Wahl. Dieser Glaubenssatz steht auch in Widerspruch zum nächsten, der für uns persönlich extrem wichtig ist. Ich schlage Ihnen daher vor, dass wir – als Wissenschaftler – mit dem Satz 2a weitermachen. Anschließend kommt die für uns so wichtige Frage: Was bin ich?

Grundlegender Glaubenssatz 3a: Ich bin ein geistiges Wesen.
Grundlegender Glaubenssatz 3b: Ich bin kein geistiges Wesen.

Der Glaubenssatz 3b, der bedeutet, dass wir nur materielle Wesen sind, erscheint nicht sinnvoll. Denn die Beweise, die ich bereits zum Thema Materialismus gebracht habe, zeigen, dass wir geistige Wesen sind. Es erscheint also der Glaubenssatz 3a, dass wir geistige Wesen sind, als der richtige. Er bedeutet in der Konsequenz, dass wir in diesem Moment als ein geistiges Wesen einen Körper *haben*, in einem Körper *wohnen*.
Wenn es Materie an sich nicht gibt, können wir auch nur geistige Wesen sein. Dann können wir diesen Satz als eine logische Schlussfolgerung aus den vorherigen sehen. Wenn wir aus dieser Klarheit daher den grundlegenden Glaubenssatz 3a wählen, dann ist auch der nächste Schritt logisch und klar.

Grundlegender Glaubenssatz 4a: Ich existiere als Mensch nach dem Tode als geistiges Wesen weiter.
Grundlegender Glaubenssatz 4b: Ich existiere als Mensch nach dem Tode nicht als geistiges Wesen weiter.

Wieder fällt die Entscheidung, den ersten Satz 4a zu wählen, leicht, weil er sich logisch aus den vorher getroffenen grundlegenden Glaubenssätzen ergibt. Mit dieser Wahl stimmen wir auch mit all den Religionsanhängern überein, die es seit Tausenden von Jahren gibt. Es entsteht bei dieser wissenschaftlichen Entscheidung kein Konflikt mit den Religionen!

Bis hierhin ist die Wahl der grundlegenden Glaubenssätze ziemlich eindeutig. Damit betreten wir letztlich auch den Boden der Religionen und nun wird es natürlich spannend. Welche Religion hat denn nun recht? Denn wir haben verstanden, dass nur *ein* Weltbild stimmen kann, dass es nur *eine* Wahrheit gibt. Wir haben nun den Vorteil – wenn wir bereit dazu sind –, diese Frage wissenschaftlich zu klären. Was aber ist dazu erforderlich? Dass wir unsere eigenen religiösen Vorstellungen einmal beiseitelassen. Bereits bei dem nächsten Glaubenssatz gibt es einen ersten Konflikt mit einigen Religionen.

Das Bestehen des Geistigen

Der bisherigen Beweiskette folgend, gibt es ein Leben nach dem Tod; Tod in Anführungszeichen, weil wir sofort die logische Schlussfolgerung ziehen können:

> Einen wirklichen Tod gibt es nicht.

Jetzt kommt der grundlegende Glaubenssatz, der das vorgeschlagene Weltbild von einigen heutigen Religionen trennt, womit sich jeder selber persönlich auseinandersetzen muss. Das soll hier keine Kritik an irgendeiner Religion sein, sondern ausschließlich eine rein wissenschaftliche Betrachtung in der Suche nach der Wahrheit:

> Grundlegender Glaubenssatz 5a: Ich werde in einem Körper wiedergeboren.
> Grundlegender Glaubenssatz 5b: Ich werde nicht in einem Körper wiedergeboren.

Jetzt stehen wir vor der Thematik der Wiedergeburt, der REINKARNATION. Wir brauchen dazu noch unseren Begriff des Karma. Gehen wir davon aus, dass das Gesetz der Physik »Aktion gleich Reaktion«, das besagt, dass es zu jeder Kraft eine gleichgroße Gegenkraft gibt, auch in gewisser Weise für das Geistige gilt. Damit wird klar, dass es eine kosmische Gerechtigkeit gibt, die sich über mehrere Leben hinzieht. Diese spiegelt sich in dem bekannten Ausspruch wider: »Was du säst, das erntest du«. Was wir in einem Leben säen, ernten wir in einem anderen.

Übung

Gehen Sie alle bisherigen Glaubenssätze 1-5 in Ruhe durch. Machen Sie sich nun ganz bewusst, an welche grundlegenden Glaubenssätze Sie glauben. Achten Sie darauf, dass Sie sich nichts vormachen.

Hier noch einmal die fundamentalen Glaubenssätze in einer Übersicht:

1a: Es gibt eine reale geistige Welt unabhängig von der materiellen Welt.
1b: Es gibt keine reale geistige Welt unabhängig von der materiellen Welt.
2a: Es gibt reale geistige Wesen.
2b: Es gibt keine realen geistigen Wesen, sondern nur Energien und Kräfte.

3a: Ich bin ein geistiges Wesen.
3b: Ich bin kein geistiges Wesen.
4a: Ich existiere als Mensch nach dem Tode als geistiges Wesen weiter.
4b: Ich existiere als Mensch nach dem Tode nicht als geistiges Wesen weiter.
5a: Ich werde in einem Körper wiedergeboren.
5b: Ich werde nicht in einem Körper wiedergeboren.

Die Spiritualität der Weltreligionen

Untersuchen wir nach dieser Methode die Unterschiede der großen Weltreligionen. Das ist insofern wichtig, weil die Suche nach einem religiösen Inhalt heute für das Leben vieler Menschen, die sich selbst hinterfragen und nach dem Warum des Daseins suchen, immer noch von zentraler Bedeutung ist. Viele Menschen konvertieren zu anderen Religionen. Was aber ist ihr Grund dafür?

Sind sich die Menschen bewusst, was sie da eigentlich wählen? Wenn Sie sich für diese Frage interessieren, dann wird Ihnen dieser Teil großen Aufschluss geben. Wenn Sie grundsätzlich atheistisch eingestellt sind, wird Ihnen dies Klarheit über Ihre eigene Einstellung geben und möglicherweise einen wertvollen Hinweis liefern, dass Sie durchaus religiös sind, aber eben nicht in einem konfessionellen Sinn, sondern in einem neutralen spirituellen Sinn.

Wichtig dabei ist: Es geht hier um keine Wertung der Religionen, sondern um eine wissenschaftliche Betrachtung! Ich habe Ihnen dargelegt, dass diese Wahl der grundlegenden Glaubenssätze aus wissenschaftlicher Sicht sinnvoll und es aus *dieser* Sicht die Wahrheit ist.

Diese tief »religiösen«, »spirituellen« grundlegenden Glaubenssätze sollten wir betrachten, wenn wir die Grundlagen unseres Lebens und unseres Weltbilds wirklich erforschen wollen. Ich schreibe diese Begriffe in Anführungszeichen, weil wir hier eine wissenschaftliche, freie Denkweise unabhängig von jeder Religion praktizieren.

Wir studieren sachlich und nüchtern die Weltreligionen und zentrale Weltanschauungen aus einer fundamentalen Sicht und bringen sie uns ins Bewusstsein. Die spannende Erkenntnis dabei ist die, dass wir völlig frei sind, mit grundlegenden Glaubenssätzen zu spielen und zu sehen, welche uns ganz persönlich und ehrlich – abseits unserer Vorurteile – entsprechen und mit welchen wir die Welt und unsere Erfahrungen sinnvoll erklären können.

Katholizismus

Im Katholizismus werden die grundlegenden Glaubenssätze 1a, 2a, 3a und 4a bejaht, 5a verneint. Die Wiedergeburt wird abgelehnt, ebenso die Präexistenz der Seele (die Existenz der Seele vor der Geburt).

Es kommen hier spezielle grundlegende Glaubenssätze hinzu, zum Beispiel, dass Jesus Christus ein göttliches Wesen, der »Sohn Gottes« ist. Darin unterscheidet sich diese Sicht von Islam und Judentum.

Protestantismus
Diese Sicht unterscheidet sich von der katholischen im Wesentlichen in einigen grundlegenden Glaubenssätzen, wie z. B. der Wirklichkeit des Sakraments des Abendmahls. Katholisch: Das ist eine Realität. Evangelisch: Das ist nur ein Symbol. Es gibt auch, wie ich erzählt habe, die Tendenz, die geistige Welt nicht wesenhaft zu sehen, also eher den Satz 2b zu wählen und nicht 2a.

Ich spreche hier bewusst nicht von »Christentum«, sondern nur von den zwei großen christlichen Konfessionen, weil ich sonst alle anderen Konfessionen auch berücksichtigen müsste. Generell jedoch gelten zwei grundlegende Glaubenssätze in allen christlichen Konfessionen:

Christentum
Universelle Menschenliebe: »Liebe alle Menschen (den Nächsten).«
Feindesliebe: »Liebe deine Feinde.«

Hinduismus
Bejaht Axiome 1a, 2a, 3a, 4a, 5a und leitet sich aus den alten Schriften des Veda ab. Hier betreten wir den Boden der Wiedergeburt der Seele.

Buddhismus

Bejaht die Axiome 1a, 2a, 3a und 4a, verneint allerdings das Axiom 5a und wählt 5b, obwohl es dort die Wiedergeburt gibt. Im BUDDHISMUS gibt es nicht die Wiedergeburt desselben Ichs, sondern nur des Karmas an sich. Das ist das Prinzip des Anatma, des »Nicht-Ichs«, im Grunde also ein neuer grundlegender Glaubenssatz.

Islam und Judentum

Diese bejahen die Axiome 1a, 2a, 3a und 4a, lehnen aber 5a ab. Sie unterscheiden sich von den christlichen Sichtweisen durch die grundlegenden Glaubenssätze über Christus. Das Judentum lehnt speziell Christus als Messias ab. Der Islam lehnt die Trinität ab, kennt nur den Vatergott und sieht in Jesus einen menschlichen Propheten, kein göttliches Wesen.

Wir sehen an diesen Beispielen über die Weltreligionen bzw. Erkenntnislehren – der Buddhismus selber betrachtet sich nicht als Religion –, dass wir sie sehr klar in den zugrunde liegenden fundamentalen Glaubenssätzen unterscheiden können. Jeder von uns ist ein freier König in seinem Königreich und kann selbst für sich bestimmen, ob und für welche Glaubenssätze er sich entscheidet. Er muss sich nur bewusst sein, dass seine Wahl Konsequenzen hat.

Bewusstes und freies Entscheiden

Ein Mensch, der sich gegen alle Religionen entscheidet, muss sich nicht gegen Gott oder gegen Christus oder gegen Mohammed entscheiden. Er kann sehr wohl an Gott glauben, an Christus, an Jehova und an Mohammed, ohne einer dieser Religionen anzugehören. Wir entscheiden uns für die grundlegenden Glaubenssätze, die wir als wahr für uns anerkennen. Mein Plädoyer in diesem Buch ist, dies ganz bewusst zu tun. Daher habe ich Ihnen diese kurze, aber grundlegende Analyse der großen Religionen gegeben.

Hier steht jeder Mensch, der sich zu einer Konfession oder Religion bekennt, an einer Schwelle, die ihn herausfordert. Daher ist es auch wichtig, dass Sie alle diese Darstellungen äußerst kritisch durchdenken und sich selber ein Urteil bilden.

Die Herausforderung besteht darin, dass alle Religionen aus der Vergangenheit kommen und daher zwangsläufig grundlegende Glaubenssätze mit sich bringen. Diese nicht einfach zu übernehmen, sondern zu überprüfen, ist die Herausforderung. Sie müssen sich entscheiden, ob Sie König in Ihrem Reich sein wollen. Das bedeutet, die grundlegenden Glaubenssätze, die Gesetze im eigenen Reich zu kennen und zu beherrschen. Der Geist der Wahrheit in Ihnen gibt Ihnen die Möglichkeit und das Recht dazu und damit auch das Recht und die Kraft, sich von jeglichen Glaubenssätzen zu lösen. Das aber sollte eben gründlich und im Sinne der Wahrheitssuche und damit in Freiheit erfolgen.

Unsere Freiheit besteht darin, unsere grundlegenden Glaubenssätze zu wählen, und zwar bewusst! Das bedeutet, sich aktiv von jeglicher äußerer Autorität zu lösen, und es erfordert durchaus einen gewissen Mut. Denn es ist viel einfacher, anderen zu glauben, als selber zu entscheiden. Wenn Sie aber König werden wollen, bleibt Ihnen nichts anderes übrig! Sie werden dadurch mit einem wirklichen Herrschertum belohnt. Es bedeutet wahre Freiheit und Ihr Menschsein und ein ganz großes und wunderbares Gefühl des Glücklichseins, ja sogar der Glückseligkeit. Sie sind der Herrscher in Ihrem Reich! Und dieses Reich ist nicht klein, sondern steht in Beziehung zum gesamten geistigen Kosmos.

Die Spirituelle Wissenschaft und wie sie die geistige Welt erklärt

»Die einzige Waffe, die keine Waffe der Gewalt ist, ist die Wahrheit.«

Karl Jaspers

Jetzt betreten wir den Boden einer relativ jungen Weltsicht, der Spirituellen Wissenschaft, obwohl ihre Wurzeln so alt wie die Menschheit sind. In ihr vereinigen sich Religion und Wissenschaft zu einem harmonischen Ganzen. Ich bin sicher, dass diese Weltsicht in Zukunft die weltweit dominierende Sichtweise werden wird, weil hier die Freiheit des Menschen im Vordergrund steht.

Wir haben erkannt, dass unser Weltbild entscheidend für unser Leben ist, dass wir persönlich ein richtiges Weltbild finden, uns also auf die Suche nach der Wahrheit begeben müssen. Wir haben gesehen, dass wir alle letztlich nach der Wahrheit streben, ja streben müssen, wenn wir wirklich Erfüllung im Leben finden wollen. Daher stellt sich hier die Frage nach dem richtigen Weltbild und den zugrunde liegenden axiomatischen Glaubenssätzen. Welche sollen wir frei wählen? Welche sind die richtigen? Was ist die Wahrheit?

Wir haben erkannt, dass es die Wissenschaft ist, genauer diese wunderbare, faszinierende Macht unseres Geistes, die uns dazu befähigt, die Wahrheit selbst zu finden, die uns frei macht. Und wenn wir die Wahl treffen, dass wir an eine geistige Welt glauben, dass wir selber Geist sind, dann brauchen wir letztlich eine echte Wissenschaft vom Geist. Ist das nicht logisch? Was sagt der Geist der Wahrheit in Ihnen dazu? Doch gibt es eine solche Wissenschaft überhaupt? Für die Beantwortung all unserer Lebensfragen, für die Heilung vieler Krankheiten, für das Verstehen von und das Umgehen mit Schicksalsschlägen, die auch aus früheren Leben resultieren, müssten wir doch eine solche Wissenschaft besitzen.

Ein weiterer, entscheidender Satz

Wir haben auch erkannt, dass es um einen einzigen grundlegenden Glaubenssatz geht, nämlich den, dass eine geistige Welt real existiert. An diesem und seinem Gegenüber, dem Glaubenssatz des Materialismus, hängen so viele Konsequenzen für unser Leben, dass wir die Entscheidung für den einen oder den anderen grundlegenden Glaubenssatz irgendwann treffen müssen. Dann aber steht die Frage nach einer echten Wissenschaft vom Geist im Raum. Sie muss den klaren Kriterien der Wissenschaft folgen und sich dadurch von vielen esoterischen Strömungen deutlich abgrenzen, weil diese die Kriterien in keiner Weise erfüllen und daher nicht brauchbar für unseren Wahrheitsgeist und unser Wahrheitsstreben sind.
Dazu kommen wir nun und es tritt ein notwendiger weiterer grundlegender Glaubenssatz auf die Bühne:

Grundlegender Glaubenssatz 6a: Es ruhen im Menschen Fähigkeiten, in der geistigen Welt exakt beobachten zu können (Geistige Wahrnehmung). Diese können von jedem Menschen entwickelt werden, wenn er dies will.
Grundlegender Glaubenssatz 6b: Es gibt keine menschliche Fähigkeit, in der geistigen Welt klar wahrzunehmen, also geistig zu schauen.

Im Grunde sind hier zwei grundlegende Glaubenssätze in einen gepackt, nämlich dass es die Möglichkeit zur geistigen Wahrnehmung gibt und dass jeder Mensch sie entwickeln kann. Solche Wahrnehmungen können optisch, akustisch oder haptisch, also tastend, spürbar sein wie in der physischen Welt. Das schon erwähnte Buch des Neurochirurgen Eben Alexander zeigt eindrucksvoll, dass es diese Möglichkeiten für uns Menschen gibt.

Ich will auf eine Medizin hinweisen, die des altindischen Ayurveda, deren Kuren mittlerweile Menschen aus der ganzen Welt anwenden. Sie wird in unserer medizinischen Welt anerkannt. Der Ayurveda beruft sich darauf, dass alle wesentlichen Erkenntnisse aus einer »geistigen Schau« der indischen Seher, der Rishis, stammen. Genau das aber besagt unser grundlegender Glaubenssatz 6a. Wir akzeptieren also mit diesem grundlegenden Glaubenssatz zunächst eine uralte Weltsicht, die wissenschaftlich zwingend ist. Ich will Sie auch darauf hinweisen, dass die traditionelle chinesische Medizin, Qi Gong, Tai Chi und die Bibel jeweils Ausdruck geistiger OFFENBARUNGEN sind und dass wir diese letztlich nur mit einer Wissenschaft vom Geist verstehen können.

Erfahrung wird erklärbar

Der grundlegende Glaubenssatz 6a erscheint daher für uns erforderlich, und zwar wissenschaftlich erforderlich. Mit ihm erst erklären sich unzählige Phänomene, die Sie vielleicht selbst schon erlebt haben. Auf dieser Basis ergibt sich ein ganz neues Weltbild und sogar eine neue Wissenschaft, die die Kluft zwischen Geist und Materie, Religion und Naturwissenschaft schließt. Diese Wissenschaft ist auch neu gegenüber dem uralten Zugang der Rishis, weil sie erstmals das wissenschaftliche Denken mit der geistigen Schau verbindet.

Spirituelle Wissenschaft
Diese Sichtweise geht von den Axiomen 1a, 2a, 3a, 4a, 5a und 6a aus. Sie bezieht zudem die moderne Naturwissenschaft in ihren Erkenntnissen mit ein, aber auch die christliche Thematik mit universeller Nächstenliebe und Feindesliebe.

Diese relativ junge Wissenschaft beschreibe ich hier auf der Ebene der bewussten Wahl von grundlegenden Glaubenssätzen. In der Öffentlichkeit tritt sie als »Geist-Wissenschaft«, »Wissenschaft vom Geist« oder »Spirituelle Wissenschaft« auf, weil es noch keinen einheitlichen Namen dafür gibt. Ihr Begründer Rudolf Steiner nannte sie Anthroposophie. Dieser Name ist heute aber bei sehr vielen Menschen mit Vorurteilen belegt, was eine wissenschaftliche Wahrheitssuche schwierig macht. Sie ist letztlich eine ganzheitliche Wissenschaft vom Geist, die sich völlig im Einklang mit der Naturwissenschaft sieht, aber die andere Seite der Realität, die geistige Welt, erforschen will. Ich habe ihr die grundlegenden Glaubenssätze 1a, 2a, 3a, 4a, 5a, und 6a zugeordnet, um sie auch von der Naturwissenschaft klar abzugrenzen, die keine höheren Wahrnehmungen zulässt. Hinzufügen müsste man noch das Merkmal der Wissenschaftlichkeit, das allen Religionen fehlt.

Eine umfassende Wissenschaft

Diese Geist-Wissenschaft bezieht das Axiom 6a mit ein. Sie grenzt sich daher ab von der einseitigen Sicht der modernen Wissenschaft, die nur die Sinneserfahrung und den Verstand bzw. die Vernunft als Erkenntnisinstrument zulässt, aber kein höheres Wahrnehmen. Sie dringt vor allem mit wissenschaftlichem Anspruch in die geistige Welt ein, die sie als real voraussetzt und nun wissenschaftlich erforscht. Sie erforscht damit unsere Seele und unseren Geist nicht nur mit äußeren naturwissenschaftlichen Methoden, sondern mit inneren, geist-wissenschaftlichen. Ihre Axiomatik ist eindeutig und sie weist klare Abgrenzungen zu den anderen Weltbildern und deren Erweiterungen auf.

Sie kann nicht dem Materialismus folgen, weil diese Sicht den modernen wissenschaftlichen Erkenntnissen widerspricht. Sie umfasst den Veda, die altindische Weisheitslehre, aus der Yoga, Ayurveda und Hinduismus stammen. Sie grenzt sich aber von ihm ab, da dort die Wissenschaftlichkeit und die geistigen Erkenntnisse aus den letzten 2500 Jahren fehlen.

Sie umfasst den Buddhismus, grenzt sich von ihm aber dort ab, wo es heißt, dass es keine Wiedergeburt desselben Ichs gibt, weil diese Ansicht uns bekannten wissenschaftlichen Fakten widerspricht.

Mit der Spirituellen Wissenschaft haben Sie die Möglichkeit, alle Fachbücher, die sich mit Geist und Seele, Glaubenssätzen, Quantenphysik und Quantenheilung beschäftigen, völlig anders zu verstehen. Sie können viele Phänomene daraus begreifen und für sich beurteilen. Dadurch können Sie sich auch gegen durchaus gefährliche Tendenzen aus diesen Bereichen und unqualifizierten Beratungen schützen.

Das entscheidende Merkmal dieser neuen Wissenschaft ist, dass sie von den Kriterien für Wissenschaftlichkeit, wie sie in diesem Buch aufgezeigt wurden, jenes der exakten Beobachtung ernst nimmt und es auf die geistige Welt erweitert. In diesem Sinne erweitert sie den Begriff der Wissenschaftlichkeit. Die Naturwissenschaft untersucht die Natur, die Materie, die Geist-Wissenschaft den Geist. Beide müssen aber den Kriterien der Wissenschaftlichkeit genügen!

Daher muss die exakte Beobachtung, in diesem Falle die »exakte Wahrnehmung«, als eine Notwendigkeit für diese Wissenschaft angenommen werden. Sonst ist es keine Wissenschaft. Ich habe darauf hingewiesen, dass die GEISTIGE SCHAU ein uraltes Phänomen ist und letztlich alle unsere Kulturen durchdringt. Neu ist jedoch die wissenschaftliche Exaktheit und damit Nachvollziehbarkeit für jeden Menschen, der selbst noch keine solchen Fähigkeiten besitzt. Sie können überprüfen, was geistige Seher sagen. Warum? Weil Sie über den Geist der Wahrheit, den Geist der Logik und alle Instrumente der Wahrheitsprüfung verfügen.

Das Kompendium der Geist-Wissenschaft

Dass wir heute bereits über eine sehr umfassende Spirituelle Wissenschaft mit unglaublich vielen Erkenntnissen verfügen, verdanken wir dem Wissenschaftler Dr. Rudolf Steiner, der diese neue Wissenschaft letztlich ins Leben rief. Ihm verdanken wir es, dass wir von einer echten »Wissenschaft« vom Geist sprechen können und nicht nur von einer »Esoterik« vom Geist. In über 350 Werken von ihm steht uns bereits ein umfangreiches Kompendium zur Verfügung. Es wird sich in den nächsten Jahrhunderten zu einer tiefgreifenden Revolution der Wissenschaft und unseres Denkens ausweiten. Deshalb empfehle ich Ihnen in dem Glaubenssatz-Programm, sich auf diese Wissenschaft einzulassen, sie zu studieren.

Mysterium Lebensplan, Schicksal und Kaiserwürde

»Die meisten Menschen sind andere Menschen.
Ihre Gedanken sind Meinung von jemand anderem,
ihre Leben eine Imitation, ihre Leidenschaft ein Zitat.«
Oscar Wilde

Letztlich bedeutet die Arbeit an unseren grundlegenden Glaubenssätzen die bewusste Klärung, ob wir als König unser eigenes Leben leben und in unserem Reich frei herrschen.

In unserem 7-Schritte-Programm zur Meisterung der Glaubenssätze taucht der Begriff der Lebensthemen auf. Wenn wir die Spirituelle Wissenschaft mit ihren Erkenntnissen zunächst auf unsere Pinnwand 3 aufnehmen – wir nehmen an, sie sei wahr und wir arbeiten damit –, können wir auch das Thema der Reinkarnation als Wahrheit annehmen und sehen, wie sich unsere Erfahrungen im Leben erklären lassen. Dann wird ersichtlich, dass es durchaus Themen gibt, die wir aus früheren Leben mitgebracht haben, und die erklären, warum viele Menschen genau wissen, was sie einmal werden wollen und es gegen den Widerstand von außen auch werden.

Damit wird klar, dass es nicht sinnvoll ist, gegen das eigene Programm – das im Willen wirkt, der ja in uns schläft, weshalb wir unser Karma und unseren Plan nicht so einfach erkennen können – zu arbeiten. Ebenso wird klar, warum unser Leben so und nicht anders verläuft und wir schließlich erkennen: »Hoppla, so wie es gelaufen ist, hat es doch zum richtigen Ziel geführt. Das wird mir aber jetzt erst bewusst.«

Daran zeigt sich, dass wir grundsätzliche Glaubenssätze in unser jetziges Leben mitbringen. Daraus resultiert das 7-Schritte-Programm, das ich Ihnen schon ans Herz gelegt habe. Nutzen

Sie Ihre Krisen! Denn hinter diesen stehen Ihre Lebensthemen, steht Ihr Schicksal. Wir haben uns ja schon mit Schritt 8 über alte Glaubenssätze hinausbewegt und eine Übung empfohlen, die uns zur ständigen Prüfung aufruft. Jetzt geht es um eine noch tiefere Reflexion zur Selbsterkenntnis.

> Ich erkenne, wozu mir mein Schicksalserlebnis dient.

Diese Frage nach dem Schicksalserlebnis und die Suche nach der Antwort bedeutet eine ganz große Heilung für unser Leben. Es bedeutet, den vorbereitenden Schritt zu tun, den ich vor das Programm gestellt habe: »Ja zum Leben sagen.« Richtig Ja sagen können Sie, wenn Sie aus tiefstem Herzen wissen, dass es gut so ist, wie Ihr Leben verläuft und verlaufen ist. Ihre innere Weisheit als König ist viel größer als Sie ahnen. Aber: *Sie* müssen sie entdecken. Mit diesem Schritt beginnen wir im Grunde wieder damit, unser Programm zu durchlaufen. Es ist ein vertiefter Prozess der Selbsterkenntnis und dient auch dazu, den Glauben loszulassen, dass ein Schicksalsschlag nur negativ ist. Zu dieser Erkenntnis zu kommen ist eine der wichtigsten und wertvollsten Erfahrungen im Leben, die uns hilft, mit allen zukünftigen Krisensituationen besser umzugehen.

Krisen als Helfer erkennen

Dieser Schritt muss wieder mit dem Denken beginnen und dann zu einem Willensentschluss führen. Wir haben einen grundlegenden Glaubenssatz in einer Krise erkannt oder erleben nun die Krise. Hinter der Krise verbergen sich möglicherweise unsere Lebensziele, unser Lebensplan. Der nächste Schritt besteht deshalb darin, weiter zu fragen: »Was will ich in der Tiefe meiner Seele?« Diese Frage ist vor allem auf der Basis des spirituellen Weltbilds sinnvoll, weil wir dadurch wissen, dass wir sehr wohl tief liegende Ziele mit in dieses Leben bringen. Wir können diesen Schritt auch unabhängig davon tun und davon sehr profitieren. Aber spannend wird es, wenn wir uns diese inneren Ziele bewusst machen.

Dazu ein Beispiel: Ein Mann hat Erfolg im beruflichen Leben. Er entscheidet sich, selbstständig zu werden. Zunächst läuft alles gut, doch dann kommt eine große Pleite, die nicht nur einen großen materiellen Verlust bedeutet, sondern auch zu gesundheitlichen Problemen und zur Scheidung führt. Dann baut er ein weiteres erfolgreiches Unternehmen auf. Ein Geschäftspartner bedrängt ihn auf der Höhe des Erfolges, fordert das Unternehmen für sich ein und verdrängt ihn aus dem Geschäft. Der Mann schafft sich durch den Verkauf der Firmenanteile eine finanzielle Unabhängigkeit, doch dann sorgen äußere Umstände in Form einer Naturkatastrophe dafür, dass auch diese finanzielle Quelle versiegt. Plötzlich steht er wieder vor dem Nichts, und das in fortgeschrittenem Alter. Es bleibt ihm nichts anderes übrig, als sich ganz auf die eigenen Füße zu stellen und aus sich heraus wieder eine neue wirtschaftliche und finanzielle Existenz zu schaffen. Dabei werden ihm endgültig zwei Themen bewusst: Erstens, dass er nun bei seiner eigentlichen Berufung angekommen ist, seiner eigentlichen beruflichen Tätigkeit. Das ist es, was er in diesem Leben will, was Teil seines Lebensplans und seiner inneren Berufung ist. Zweitens wird ihm sein Lebensthema klar, in die eigene wirtschaftliche Selbstständigkeit zu kommen, in die eigene Ich-Kraft. Die Schritte vorher waren zwar Schritte des Scheiterns, gehörten aber zur Verwirklichung des Plans. Jetzt wird das Thema dahinter klar: Eigenständigkeit. Alle möglichen Glaubenssätze darüber, wie »Ich brauche einen Partner für das Berufliche« lösen sich auf. Der »falsche« grundlegende Glaubenssatz offenbarte dem Mann schließlich sein Lebensthema.

In diesem praktischen Beispiel aus dem Leben hat die bewusste Glaubenssatzarbeit nicht so stattgefunden, wie in diesem Buch beschrieben, sondern durch das Leben selber, und sie dauerte Jahrzehnte. Mit dem vorgeschlagenen Programm können Sie Ihr Bewusstsein schon vorher gezielt einsetzen. Es mag aber auch sein, dass Sie erst durch eine große Lebenskrise auf dieses Buch gestoßen sind, oder Sie werden vielleicht erst wieder nach einer Krise darauf zurückkommen.

Das Leben annehmen und aktiv handeln

Jetzt kann als weiterer Schritt die Annahme des gefundenen Lebensthemas folgen. Das ist der Schritt »Ja zum Leben sagen«, Sie sagen Ja zu dem, was Sie herausgefunden haben. Dieses Ja kann aber niemals nur intellektuell sein. Es muss Sie in Ihrem Gefühl tief erfassen. Dann wird es eine Überzeugung, ein echter grundlegender Glaubenssatz. Und diese Überzeugung gibt Ihnen die Kraft, das Thema umzusetzen und zu verwirklichen. Dazu noch einmal unsere Übersicht. Wir haben jetzt Schritt 7 erreicht.

Vorbereitend	Ich sage Ja zum Leben.
Schritt 1	Ich will.
Schritt 2	Ich strebe nach der Wahrheit.
Schritt 3	Ich finde mein grundlegendes Weltbild.
Schritt 4	Ich strebe nach Selbsterkenntnis.
Schritt 5	Ich suche weitere axiomatische Glaubenssätze.

Schritt 6	Ich überprüfe meine Einstellungen.
Schritt 7	Ich ändere durch Handlung.
Schritt 8	Ich prüfe alle wichtigen neuen Erkenntnisse.
Schritt 9	Ich finde Werte in negativen Erlebnissen.

9-Schritte-Programm zur Meisterung unserer Glaubenssätze

Zusätzlich zu dieser inneren Einstellungsarbeit muss Schritt 8 stattfinden. Nur geistig bereit zu sein reicht nicht aus. Sie müssen wirklich in das Experiment gehen, in die äußere Handlung. Sie suchen beispielsweise einen Partner und haben das für sich geistig und emotional geklärt. Sie wissen und spüren jetzt bereits, dass das gut ausgehen wird und probieren es jetzt einfach aus. Dazu müssen Sie sich aber auch im Außen zeigen und dürfen nicht, wie es manchmal in esoterischen Strömungen gesagt wird, sich hinsetzen, meditieren und Wünsche aussenden und dann darauf warten, was passiert. So funktioniert das Universum nicht!

In diesem Schritt klären wir daher, was wir tun werden. Ich sage bewusst »werden« und nicht nur »wollen«. Wir entscheiden uns, Dinge zu tun. Das können zunächst ganz kleine Dinge sein. Wenn wir geübt haben, kleine Schritte erfolgreich zu tun, werden wir immer sicherer. Natürlich können es auch sofort große Handlungen sein, wenn die Situation es erfordert oder wenn wir es gewohnt sind, als Willensmensch schnell zu handeln.

Das würde beim Beispiel der Partnersuche bedeuten, sich auch zu zeigen, wie im folgenden Fall: Eine Frau konnte sich nicht vorstellen, dass es einen Mann gäbe, der sie gut fände – Thema und grundlegender Glaubenssatz »Selbstwertgefühl« –, der ihre teilweise sehr speziellen Interessen teilen würde – nächster Glaubenssatz –, und der auch noch an tieferen spirituellen Themen interessiert wäre – dritter Glaubenssatz. Nachdem sie den inneren Prozess durch Bewusstseinsarbeit geklärt und abgeschlossen hatte, begann sie zu handeln. Sie ging viel nach draußen, obwohl das gerade ihre Schwäche gewesen war. Nach nur wenigen Wochen traf sie einen Mann, den es eigentlich nach ihren Glaubenssätzen gar nicht hätte geben dürfen. Sie hatte so schnell Erfolg, weil ihre geistige Präsenz und ihr Wille wirklich vorhanden waren.

Die drei Königreiche und der Kaiser

Damit haben wir unsere Reise beendet. Ich wollte Ihnen mit diesem Buch vor allem bewusst machen, dass Sie ein König sind und Ihre Freiheit darin besteht, Ihre grundlegenden Glaubenssätze, die Sätze, aus denen die Basis Ihres Weltbilds besteht, frei zu wählen. Das sind Ihre Gesetze in Ihrem Königreich, und nach diesen werden Sie regieren. Ja, danach regieren Sie heute schon, aber wahrscheinlich nur unbewusst. Mein Ziel ist es, Sie dabei zu unterstützen, sich selbst und Ihrer Königswürde bewusst zu werden.

Wir haben mit diesem Buch unser ganz persönliches Königreich, unsere Seele erforscht. In ihr lebt unser Weltbild, unser Fürstentum des Denkens mit all den angeschlossenen Denk-Kräften. In ihr lebt unser Fürstentum des Fühlens mit all unseren persönlichen Vorlieben und Geschmäckern, Ressentiments und den darin wirkenden Gefühls-Kräften. In ihr lebt unser Fürstentum des Wollens mit all unseren Willensimpulsen, Trieben und Wünschen, die verwirklicht und erfüllt werden sollen. Ich hoffe, die Reise hat Ihnen Freude bereitet und Sie haben Ihren König nun viel deutlicher erlebt – und vor allem verstanden und gefühlt, dass *Sie* der König sind und den Willens-Entschluss gefasst, nun wirklich Ihre Herrschaft anzutreten.

Ich will Ihnen aber noch einen kleinen weiteren Ausblick geben. Ich habe vom König mit den drei Fürsten gesprochen. Jedoch scheint es so zu sein, dass wir sogar ein Kaiser sind mit drei Königreichen. Wir leben in einem Kaiserreich mit drei Königtümern. Diese nennen wir Körper, Seele und Geist. Ich habe davon gesprochen, dass das Ich als Herrscher in der Seele wirkt. Jedoch ist unser wahres Ich, das, was wir wirklich sind, der Kaiser. Er ist der wahre Herrscher über die drei Königreiche, und seine drei Könige sind drei große kosmische Kräfte, die sich sowohl im Körper, wie in der Seele, wie auch im Geist jeweils anders zeigen.

In der Welt unseres Körpers, der ja ein Wunderwerk ist, das wir noch gar nicht wirklich erfasst haben, zeigen sich diese kosmischen Kräfte in dem, was wir als Nervensystem kennen, als rhythmisches Atem- und Blutkreislaufsystem und als Stoffwechselsystem. Und der König darin ist unsere Persönlichkeit, unser »kleines Ego«, unser »körperliches Ich«. Dieses ist an die Welt, die Materie, den Körper gebunden und muss dieses Reich lenken. Und die Medizin ist es, die sich um diesen Bereich kümmert.

Eine wahre Medizin wird stets erkennen, dass der Körper nur ein Teil des Kaiserreiches ist und niemals getrennt von den anderen Königreichen betrachtet werden kann. Die Medizin der Zukunft wird dies beachten müssen.

In der Welt unserer Seele, mit der wir uns hier so intensiv befasst haben, leben die drei kosmischen Kräfte als Denken, Fühlen und Wollen. Das ist unser ganz persönliches Königreich in der Mitte, in dem wir wirklich herrschen können, was ja im Körper nicht so möglich ist. Der König darin ist unser »seelisches Ich«. In unserer Seele sind wir der Mittler, zwischen unserem Geist und unserem Körper. Hier leben unsere Glaubenssätze. Doch die Wahrheit, die wir hierin ganz persönlich erfassen, ist eine universelle, die für alle Menschen gilt und daher aus einer geistigen Sphäre stammt, die in allen Kulturen als »geistiges Reich«, »Reich Gottes«, »Himmelreich«, »Reich der Wahrheit« oder »Heiliger Geist« bezeichnet wird. Wir haben mit unserem Denken und unserem Weltbild Anteil an diesem höheren Reich, und das adelt uns als Menschen. In aller Demut dürfen wir diesen Adel erkennen. Und das Streben nach Wahrheit, die Liebe zur Wahrheit ist uns Menschen eine edle, adelige Verpflichtung.

Und unser Geist? Unser wahres Ich? Den Geist konnte ich nur ansprechen, soweit er sich in der Seele zeigt, sowie im Zusammenhang mit dem spirituellen Weltbild. Damit öffnet sich uns diese Welt, die unsere eigentliche Heimat ist. Der König darin ist der König des Geistes, unser »geistiges Ich«. Und wir? Wir sind der Kaiser, der in jeder dieser drei Welten in das Gewand eines Königs schlüpft und doch stets der Kaiser bleibt, jenes mysteriöse Etwas, das wir als das »wahre Ich« empfinden, wenn wir zu uns »Ich« sagen.

Das geistige Universum steht offen

Diesen Ausblick wollte ich Ihnen noch geben, denn mit dem Betreten eines spirituellen Weltbildes beginnt erst unsere Suche nach wirklichem Verstehen. Dazu aber braucht es die bewusste und völlig freie Entscheidung für fundamentale Glaubenssätze, die uns diese neue geheimnisvolle Welt eröffnen. Ein einziger grundlegender Glaubenssatz: »Es existiert eine reale geistige Welt außerhalb der Materie« ist der Schlüssel zu dieser Welt, zu diesem geistigen Universum.

Dessen bewusst zu werden, dazu soll Ihnen dieses Buch dienen. So hoffe ich, dass ich einiges in Ihnen bewirken konnte, Sie Ihre Freiheit erkennen, sie entsprechend Ihrem eigenen freien Wollen nutzen und sich nach der Königswürde auch zur Kaiserwürde emporschwingen.

Die spirituellen grundlegenden Glaubenssätze, die ich Ihnen systematisch aufgezeigt und zur Prüfung ans Herz gelegt habe, eröffnen den Zugang zu einer völlig neuen Welt. Es ist genau wie damals in der Geometrie: Solange die Mathematiker nur in den alten Axiomen dachten, kamen sie nicht über die Ebene hinaus. Sie mussten *einen* grundlegenden Glaubenssatz ändern, um eine neue Welt zu erschließen. Diese Mathematik hat erst die moderne Physik ermöglicht. Mit den spirituellen grundlegenden Glaubenssätzen eröffnet sich Ihnen ein ganzes Universum: das geistige Universum.

Wenn Sie nun diese grundlegenden Glaubenssätze bewusst annehmen – im vollen Bewusstsein, dass es zunächst Glaubenssätze sind und Sie als König über sie herrschen –, dann können Sie in der Folge in Ihrem Leben alles aus einer ganz anderen Perspektive betrachten. Darin besteht die praktische Umsetzung. Betrachten Sie Ihr Lebensschicksal unter dem Aspekt, dass es einen Sinn hat: Sie zum bewussten König Ihres Reichs zu machen. Betrachten Sie die Krisen um sich herum als einen Ausdruck einer geistigen Auseinandersetzung, in die wir alle eingebunden sind und die den Zweck hat, uns aufzuwecken und bewusst werden zu lassen.

Die Augen können wir nicht mehr verschließen, aber jetzt müssen wir sie wirklich aufmachen. Betrachten Sie jeden Menschen als einen werdenden König, der ebenso sein Schicksal trägt. Sie werden viel mehr Verständnis gewinnen und gelassener sein können. Schöpfer zu sein kann man letztlich nur akzeptieren und wirklich verstehen mit einem spirituellen Weltbild, das auch Karma und Reinkarnation beinhaltet. Das aber bedeutet nicht wegzusehen und zu sagen: »Das ist ja sein Karma.« Nein, gerade das Gegenteil ist richtig: Dem anderen zu helfen, Kraft zu erlangen und sein Schicksal zu bewältigen, ist die Nächstenliebe, zu der wir aufgerufen sind.

Mit einem solchen Weltbild können Sie Ihr Leben und Ihre Umwelt völlig anders und in einer Tiefe verstehen, die mit der Zeit sehr viele Ängste verschwinden lässt und innere Sicherheit und tiefste Freude an Ihrem Leben erzeugen wird. Denn erinnern Sie sich: So lange wir nicht wissen, was etwas ist, erzeugt es Unsicherheit und Angst in uns. Deshalb lässt ein spirituelles Verstehen Ängste verschwinden. Wir entziehen ihnen ganz reale Kräfte und werden dadurch freier und kraftvoller.

Wenn Sie bereits ein spirituelles Weltbild haben, dann prüfen Sie es ehrlich. Ich habe Ihnen die Anleitung dazu gegeben. Ich weiß aus Erfahrung, dass es besonders schwerfällt, ein bereits existierendes spirituelles Weltbild zu verändern. Hier aber ist der Wissenschaftler in Ihnen gefragt, der Wahrheitssucher. Wollen Sie die Wahrheit oder nicht? Wollen Sie die Freiheit oder nicht?

Ich hoffe, es ist mir gelungen, Ihnen bewusst zu machen, dass nur das korrekte Weltbild, das der Wirklichkeit entspricht, uns frei macht, gerade wenn wir ein lieb gewordenes, aber falsches Weltbild hinter uns lassen müssen. Ein einziger Satz in Ihrem Weltbild kann dabei Ihre Freiheit verhindern.

Dieses ganze Buch und die Erkenntnis, dass wir alle bewusste Könige werden sollen, sind nur durch ein solches Weltbild möglich. Im gesamten Buch leitet uns das Weltbild der Spirituellen Wissenschaft. Mir ist dabei noch zugutegekommen, dass ich Mathematik studiert habe. Diese Kombination aus den geistigen, seherischen Erkenntnissen eines Rudolf Steiner und anderer und dem Wahrheitsdenken aus der Mathematik haben dieses Buch möglich gemacht. Es ist durchaus denkbar, dass in meinen Gedanken noch Fehler sind und ich rufe daher stets dazu auf, nie etwas einfach anzunehmen, sondern zu prüfen. Und wenn sich jemand über Fehler freut, die entdeckt worden sind, dann bin ich es, und ich bin dankbar über jeden sachlichen Hinweis.

Glossar

Dieses Glossar beschreibt die Begriffe aus einer ganzheitlichen Sicht, die die Geist-Wissenschaft mit einbezieht. Sie sind daher nicht immer identisch mit üblichen Beschreibungen.

Abbild	Unmittelbares Wahrnehmungsbild, direkte Spiegelung eines Objektes, *siehe* Sinneswahrnehmung
Acht edle Wahrheiten	Systematischer geistiger Schulungsweg Buddhas
Anthroposophie	Von Dr. Rudolf Steiner begründete Geisteswissenschaft zur Erforschung der geistigen Welt
Antipathie	Eine der beiden polaren Kräfte in der Gefühlswelt und Astralwelt; seelische Abstoßungskraft; erzeugt das Gefühl »Das tut mir nicht gut«
Astralkörper	»Sternenkörper«; körperliche Hülle unseres Ichs
Aussage	Sachliche Feststellung in Gedanken oder Worte über einen Sachverhalt; *siehe* Urteil
Axiom	Wissenschaftlich nicht beweisbare, aber plausible Uraussage am Beginn eines Theoriegebäudes
Axiomensystem	System mehrerer Axiome, die ein Theoriegebäude bestimmen
Ayurveda	Begriff aus dem Sanskrit, dt.: »Wissen vom Leben«; traditionelle Heilkunde Indiens, aus geistiger Schau entstanden

Bauchgefühl	*siehe* Instinkt
Begriff	Abbildung einer Idee in unserem Geist; *siehe* Idee
Beobachtung	Einsatz von Wahrnehmungsorganen
Beweis, experimentell	Nachweis der Übereinstimmung zwischen These und Wirklichkeit; in den Geisteswissenschaften gleichzeitig logischer Beweis
Beweis, logisch	Notwendiger Schritt bei jeder wissenschaftlichen Beweisführung; Überprüfung der logischen Stimmigkeit; bei logischer Unstimmigkeit ist die These bereits als falsch widerlegt; ausreichend als vollständiger Beweis in reiner Geisteswissenschaft, nicht jedoch in der Naturwissenschaft
Buddhismus	Geistige Lehre für ein harmonisches Leben aus den überlieferten Worten Buddhas
Denken, Denkkraft	Geistig-seelische Kraft, die Gedanken und Vorstellungen hervorbringt und das Gehirn verwendet, diese bewusst zu machen; geistiges Wahrnehmungsorgan
Emotionalkörper	Träger von Trieben, Empfindungen und Gefühlen; *siehe* Astralkörper
Empathie	Neutrale Gefühlskraft zur Wahrnehmung der Gefühle anderer; Mitgefühl
Empfindung	Gefühl, das direkt durch eine Wahrnehmung ausgelöst wird; *siehe* Wahrnehmungsgefühl

Epigenetik	Bedeutet wörtlich »über die Genetik hinaus«; modernster Forschungszweig in der Biologie über den Einfluss unseres Lebens auf die Gene
Erkenntnis	Harmonische Verbindung zwischen einer Wahrnehmung und dem zugehörigen Begriff
Fühlen	Geistig-seelische Kraft, die Gefühle und Empfindungen hervorbringt
Geist	Die Wirkkraft und das Wirkungsfeld aus dem Bereich der Ursachen hinter der Materie; Welt der Ursachen
geistige Schau	Geistige Wahrnehmung in Bezug auf das Sehen
geistige Wahrnehmung	Wahrnehmung geistiger Objekte mit geistigem Wahrnehmungsorgan
geistige Welt	Realer geistiger Kosmos hinter den materiellen Erscheinungen, belebt mit geistigen Wesen
Geistwesen	Bewusstes, lebendiges Wesen in der geistigen Welt
Glaubenssatz	Eine gedankliche Aussage, verbunden mit einem starken Gefühl
Glaubenssatz, grundlegender	Eine Uraussage in einem Weltbild, wie ein Axiom in der Wissenschaft
Ich	Unser innerster, geistiger Wesenskern; das, was wir wirklich sind

Ich-Bewusstsein	1. Gedankliches Bewusstsein unseres eigenen Wesens, mit Hilfe äußerer Spiegelungsmechanismen wie unseren physischen Körper, das Gehirn oder anderer Körper; *siehe* Astralkörper 2. Das dem Ich-Bewusstsein zugeordnete Gefühl der Einheit der Person
Idee	Reale geistige Form, wahrnehmbar über das Denken als Intuition
Illusion	Falsche Vorstellung über eine Wirklichkeit
Instinkt	Unbewusste Steuerung über das Wollen im Einklang mit den Naturgesetzen
Intuition	Wahrnehmung von Ideen mittels der Denkkraft als geistige Wahrnehmung
Irrtum	Falsche Aussage über eine Wirklichkeit, falsches Gedankenbild
Karma	Sanskrit »Handlung«; geist-wissenschaftliche, spirituelle Sichtweise, dass Handlungen auch über Leben hinweg Auswirkungen haben, wie bei Samen, die im Frühjahr wieder sprossen; Notwendigkeit der Reinkarnation dazu gegeben
Körperwahrnehmung	Die körperliche Innenwahrnehmung; Wahrnehmung unseres eigenen Körpers wie Tastsinn und Gleichgewichtssinn

Leben	Physisches Leben ist gebunden an den Körper; geistiges Leben existiert ohne Körper; Leben ist die Kraft der beständigen Wandlung nach Gesetzen, Metamorphose
Logik	1. Teil unserer Denkkraft; zuständig für systematisches, schlussfolgerndes, gesetzmäßiges Denken; Abbild der Gesetzmäßigkeit der Kausalität im Kosmos 2. Erste Geisteswissenschaft; Wissenschaft vom korrekten Denken
Logos	Das schöpferische Weltenwort
Lüge	Bewusste, ausgesprochene Unwahrheit
Materialismus	Philosophisches, also nicht naturwissenschaftliches Weltbild mit dem Glaubenssatz, dass nur die materielle Welt existiert; in engen Grenzen korrektes naturwissenschaftliches Weltbild über den Zusammenhang zwischen Geist und Körper
Materie	Welt der Wirkungen; stofflich verdichtete Geistsubstanz
Nachbild	Nach einer Wahrnehmung selbst erzeugtes Bild eines Objektes, *siehe* Vorstellung
Naturgesetz	Reale Vereinbarungen zwischen Geistwesen, wie menschliche Gesetze als Vereinbarungen zwischen Menschenwesen
Offenbarung	Geistige Schau

Orakelstätte	Antiker Ort der Einweihung zum geistigen Sehen; auch Mysterienstätte
Reinkarnation	Wörtlich »Wieder-Einkörperung« desselben Ich in einem neuen Leben
Schlaf	Bewusstseinszustand mit völliger Ausschaltung des Ich-Bewusstseins; tiefstes Unterbewusstsein
Seele	Unsere Innenwelt, bestehend aus realen Gedanken, Vorstellungen, Glaubenssätzen, Gefühlen, Trieben, Wünschen, Willensimpulsen
Sinnesorgane	Die Wahrnehmungsorgane in unserem Körper, mit denen wir körperliche Objekte wahrnehmen können. Dazu zählen die bekannten fünf Sinne bzw. deren Organe des Hörens, Sehens, Tastens, Schmeckens, Riechens. Es gibt aber noch weitere, z. B. den Gleichgewichtssinn
Sinneswahrnehmung	Wahrnehmung über die Sinnesorgane
Spiritualismus	Weltbild mit dem Glaubenssatz, dass eine reale geistige Welt außerhalb der Materie existiert
Spirituelle Wissenschaft	Die Wissenschaft vom Geist, der realen geistigen Welt
Steiner, Rudolf	Geistesforscher, Seher, Doktor der Philosophie, Naturwissenschaftler, Begründer der Anthroposophie als Geistwissenschaft, Begründer der Anthroposophischen Medizin und Musiktherapie, Begründer der Wal-

	dorfpädagogik, Begründer des biologisch-dynamischen Landbaus Demeter, Begründer der Eurythmie und Heileurythmie, Begründer der Sprachgestaltung, Herausgeber und Kommentator der naturwissenschaftlichen Schriften Goethes, Schriftsteller (etwa 40 eigene Werke), Vortragsredner, Begründer der Sozialen Dreigliederung, Impulsgeber für ein brüderliches Bankwesen (GLS-Bank)
Sympathie	Eine der beiden polaren Kräfte in der Gefühlswelt und auch Astralwelt; seelische Anziehungskraft; erzeugt das Gefühl »Das tut mir gut«
Traum	Bewusstseinszustand mit teilweiser Ausschaltung des Ich-Bewusstseins
Urteil, emotional-ästhetisches	Gedankliche oder sprachliche Feststellung; nur durch die eigenen Gefühle geprägt
Urteil, gesundes	Aussage, die wir geprüft und für richtig oder falsch befunden haben
Urteil, kognitiv-logisches	Gedankliche oder sprachliche, sachliche Feststellung über einen Sachverhalt
Urteil, moralisches	Gedankliche oder sprachliche Feststellung in Bezug auf ein moralisch-sittliches Wertesystem für Handlungen
Vernunft	Teil unserer Denkkraft, die für Zusammenfügungen, also Synthese, zuständig ist

Verstand	Teil unserer Denkkraft, die für Unterscheidungen, also Analyse, zuständig ist; Intellekt
Vorstellungen	Bilder in unserem Bewusstsein, die durch das Denken erzeugt werden
Vorstellungskraft	Jener Teil des Denkens, der Vorstellungsbilder erzeugt
Vorurteil	Vorschnelles, nicht geprüftes Urteil
Wachbewusstsein	Bewusstseinszustand des vollen und klaren Bewusstseins
Wahrheit	Gedankliche Aussage, Urteil, bei dem Wirklichkeit und Weltbild übereinstimmen
Wahrheit, absolut	Wahrheit unabhängig von einem Axiomensystem
Wahrheit, ewig	Für alle Zeiten gültige Wahrheit
Wahrheit, relativ	Wahrheit in Bezug zu einem Axiomensystem
Wahrheit, total	Gesamtwissen über ein Objekt
Wahrheit, universell	Für alle Menschen mit gesundem Denken nachprüfbare Wahrheit
Wahrheitsgefühl	Gefühl, das Wahrheiten positiv bestätigt; wohl eng verbunden mit der Logik
Wahrnehmung	Vorgang, ein Objekt mittels eines Wahrnehmungsorgans in unser Innenleben als ein Abbild aufzunehmen; der Vorgang erscheint uns als ein passives Hinnehmen, d. h. wir können daran nichts aktiv ändern, außer unser Wahrnehmungsorgan auszurichten

Wahrnehmungsbild	Das Bild, das sich als flüchtiges Bild durch die Sinne zeigt
Wahrnehmungsgefühl	Jener Teil des Fühlens, der unsere Empfindungen erzeugt, im Englischen »sensations« gegenüber »feelings«,
Wahrnehmungskraft	Geistig-seelische Kraft, die Wahrnehmungen ermöglicht; wahrscheinlich stark durch Willenskraft geprägt
Wahrnehmungsorgan	Das Organ, mit dem eine Wahrnehmung stattfinden kann
Weltanschauung	Weltbild, gefärbt durch emotionale und moralische Urteile
Weltbild	Summe bzw. Netzwerk all unserer Vorstellungen und Gedanken über die Welt
Wikipedia	Lexikon im Internet, in dem alle Begriffe miteinander vernetzt, über Verknüpfungen verlinkt sind
Wille, Willenskraft	Geistig-seelische Kraft, die alle Handlungen geistiger, seelischer oder materieller Art bewirkt
Willensimpulse	Ergebnisse des Willens, die zu unseren Handlungen führen; unbewusst
Wirklichkeit	Alles, was existiert: materiell, seelisch, geistig
Wissenschaft	Systematische Methodik zum selbstständigen, freien und eigenständigen Erarbeiten und Prüfen von Wahrheit

Literaturverzeichnis

Werke des Autors

(1) Burkart, Axel, *Das große Rudolf Steiner Buch*, Hugendubel Verlag, München, 2003
(2) Burkart, Axel, *Faszination Rudolf Steiner*, Hugendubel Verlag, München, 2008
(3) Burkart, Axel, *Freiheit, Lehrgang in Spiritueller Wissenschaft*, Akademie Zukunft Mensch, Anger, 2009–2012, www.akademie-zukunft-mensch.de
(4) Burkart, Axel, *Jungbrunnen Ayurveda*, Hugendubel Verlag, München, 2008
(5) Burkart, Axel, *Die Botschaft des Eremiten*, Hugendubel Verlag, München, 2002
(6) Burkart, Axel, *Hauptsache Liebe*, Wu Wei Verlag, Schondorf, 2007

Literatur speziell zu Glaubenssätzen

(1) Grochowiak, Klaus; Haag, Susanne, Die Arbeit mit Glaubenssätzen, Schirner Verlag, Darmstadt, 2004
(2) Preisendörfer, Pamela, Glaubenssätze, Überzeugungen & Co., Windpferd Verlag, Oberstdorf, 2009
(3) Lammers, Willlem, Logosynthese – Triffst du nur das Zauberwort, ias Institut für angewandte Sozialwissenschaften AG, Maienfeld, 2007

Literatur über Epigenetik und Wirkung des Geistes auf den Körper

(1) Lipton, Bruce, *Intelligente Zellen*, Koha Verlag, Burgrain, 2006
(2) Church, Dawson, Die neue Medizin des Bewusstseins, VAK Verlag, Freiburg, 2010

Literatur speziell über die geistige Welt

(1) Alexander, Dr. Eben, *Blick in die Ewigkeit* Ansata Verlag, München 2013
(2) Moorjani, Anita, *Heilung im Licht*, Arkana Verlag, München 2012

Kontakt

Gerne können Sie sich über den Autor weiter informieren auf der Webseite
www.akademie-zukunft-mensch.de
oder ihm eine E-Mail schicken unter
axel.burkart@akademie-zukunft-mensch.de